Institut für schweizerisches Bankwesen der Universität Zürich
Swiss Banking Institute · University of Zurich

WERTORIENTIERTE STEUERPOLITIK

Prof. Dr. Rudolf Volkart

unter Mitarbeit von Dr. Remo Küttel

2., aktualisierte und überarbeitete Auflage

Versus · Zürich

Informationen zu Büchern aus dem Versus Verlag finden Sie unter
http://www.versus.ch

Bibliografische Information Der Deutschen Bibliothek

Die Deutsche Bibliothek verzeichnet diese Publikation in der
Deutschen Nationalbibliografie; detaillierte bibliografische Daten
sind im Internet über http://dnb.ddb.de abrufbar.

Das Werk einschliesslich aller seiner Teile ist urheberrechtlich geschützt. Jede Verwertung ist ohne Zustimmung des Verlags unzulässig. Dies gilt insbesondere für Vervielfältigungen, Übersetzungen, Mikroverfilmungen und die Einspeicherung und Verarbeitung in elektronischen Systemen.

© Versus Verlag AG, Zürich 2006

Zeichnungen: Nico · Zürich
Satz und Herstellung: Versus Verlag · Zürich
Druck: Comunecazione · Bra
Printed in Italy

ISBN-13: 978-3-03909-052-5
ISBN-10: 3-03909-052-6

Inhaltsverzeichnis

Zur Allgegenwart der Steuern **7**

Steuern als Value Driver **11**
Unternehmenswert und Shareholder Value 11
Wesen und Wirkungsweise des Value Driver «Steuern» 13
Vielfalt und Bedeutung der Steuerarten 17
«Steuerwirtschaftlicher Denksport» 20

Gewinnsteuern als Element der Free-Cash-flow-Generierung **23**
Unternehmenssteuern natürlicher und juristischer Personen 23
Gewinnbesteuerung der Aktiengesellschaft 27
Bewertung und steuerlicher Jahresabschluss 30
«Steuerwirtschaftlicher Denksport» 31
Exkurs: Erstellung des steuerlichen Jahresabschlusses 33

Finanzierung, Kapitalkosten und Steuern **37**
Kapitalkosten, Wertbildung und Steuereinfluss 38
Steueraspekte ausgewählter Finanzierungsinstrumente 40
Optimaler Werttransfer an die Aktionäre 43
«Steuerwirtschaftlicher Denksport» 46

Stellenwert der Steuern in der Unternehmensbewertung ... 51
Substanzwert und latente Steuern 52
Unternehmenssteuern bei der DCF- und Ertragswertbestimmung 53
Steuerliche Optimierungspotenziale 56
«Steuerwirtschaftlicher Denksport» 59

Investitions- und Akquisitionspolitik und Steuern ... 63
Projektbewertung und Unternehmenssteuern 64
Akquisitionskonzepte und Steuerkonsequenzen 65
Management-Buyout (MBO) und optimales Steuerkonzept 67
«Steuerwirtschaftlicher Denksport» 71

Strategische und operative Steuerplanung ... 77
Elemente der strategischen Steuerpolitik 79
Operative Steuerplanung und Steueroptimierung 82
Zur internationalen Steuerplanung 86
«Steuerwirtschaftlicher Denksport» 87

Internationale Konzernführung und Steuern ... 91
Besonderheiten der Besteuerung von Konzernen 91
Konzernstruktur und Steuern 93
Konzerninterne Abläufe und Steuern 95
«Steuerwirtschaftlicher Denksport» 98
Exkurs: Radikale Vereinfachung des Steuersystems
am Beispiel der Slowakei 100

Steuerpolitisches Fazit für die Unternehmensführung ... 103

Qualitäts-Checkliste ... 109

Glossar ... 113

Literaturhinweise ... 117

Stichwortverzeichnis ... 121

Abkürzungsverzeichnis ... Innenseite der hinteren Umschlagklappe

Zur Allgegenwart der Steuern

Steuerpolitische Fragestellungen haben in den vergangenen Jahren sowohl aus gesamt- als auch aus einzelwirtschaftlicher Perspektive an Bedeutung gewonnen.

Aus gesamtwirtschaftlicher Sicht sind Gründe dafür die stark angestiegenen Fiskalquoten vieler Staaten, d.h. der prozentuale Anteil der Steuern und der Beiträge an die obligatorischen Sozialversicherungen am Bruttosozialprodukt, die eskalierenden Staatsausgaben für Sozialleistungen, der in zahlreichen Ländern entstandene Gap zwischen Steueraufkommen und Staatsbudget, aber auch etwa das Scheitern einer antizyklisch ausgelegten staatlichen Budgetpolitik. Darüber hinaus spielen in Europa die zur Realisierung der Einheitswährung (Euro) formulierten Konvergenzkriterien eine zentrale Rolle.

Aus der nachfolgend darzustellenden einzelwirtschaftlichen Optik geht es generell um den härter gewordenen Konkurrenzkampf. Internationalisierung, Globalisierung und der Fortschritt der Informationstechnologien haben zu stark veränderten Rahmenbedingungen geführt. Sie kon-

Steigende Fiskalquote

Scheitern der Budgetpolitik

Euro und Konvergenzkriterien

Veränderte Rahmenbedingungen

frontieren die Unternehmensführung mit schwierigen Problemen, zum Teil auch mit ganz neuen Herausforderungen. Im Zusammenhang mit der Erhaltung gesunder Gewinnmargen und der zunehmend anvisierten Generierung von Mehrwerten spielt der Faktor Steuern eine wichtige Rolle, und das Verhalten der Steuerbehörden akzentuiert dies noch.

Zunehmende Bedeutung des Faktors Steuern

Sozusagen zwischen den gesamt- und einzelwirtschaftlichen Aspekten steht der in den 1990er Jahren intensivierte Standortwettbewerb. Dieser hat neben einer pointierten nationalen Wettbewerbssituation zur Folge, dass der steuerliche Aktionsrahmen von Gesamtstaaten, (Bundes-)Ländern (bzw. Kantonen) und Kommunen (bzw. Gemeinden) enger wird.

Standortwettbewerb

Abnehmender Handlungsspielraum

Die weltweiten Globalisierungs- und Integrationstendenzen werden vermehrt nach dem Aufbau einer supranationalen Wettbewerbspolitik rufen. Dabei spielen die Steuern eine wichtige Rolle, und auch eine supranationale Steuerharmonisierung dürfte neben derjenigen nationaler Ausrichtung ein immer grösseres Bedürfnis werden. In der Europäischen Union (EU) wurden entsprechende Anstrengungen durch die Osterweiterung allerdings relativiert.

Globalisierung

Steuerharmonisierung

Gerade für international bzw. multinational tätige Firmengruppen könnten die Handlungsspielräume ebenfalls kleiner und die Notwendigkeit einer konsequenten Steueroptimierung grösser werden.

Steueroptimierung

Spürbare Auswirkungen auf die steuerliche Sphäre hat auch das immer umfassender benützte Internet. Die realwirtschaftlichen Ströme und die dadurch induzierten Finanzbeziehungen sind durch den Staat zunehmend schwieriger zu erfassen und zu kontrollieren. Es gibt Stimmen, die daraus die Notwendigkeit nach einer grundsätzlichen Neubesinnung ableiten.

Internet und Steuern

Grundsätzliche Neubesinnung im steuerpolitischen Bereich

Eine wiederholt und unterschiedlich formulierte Forderung ist diejenige nach einer dramatischen Vereinfachung der Steuersysteme. Die Steuervielfalt würde dann in der einen oder anderen Art auf eine oder mehrere Hauptsteuern reduziert. Dabei stehen die indirekte Besteuerung des Konsums (Mehrwertsteuer, Sales Tax usw.) und die Einkommens- (natürliche Personen) bzw. Gewinnbesteuerung (juristische Personen) im Vordergrund (vgl. dazu «Exkurs: Radikale Vereinfachung des Steuersystems am Beispiel der Slowakei», S. 100ff.).

Vereinfachung der Steuersysteme

Dazu kommen neuere Bestrebungen einer gewissen Ökologisierung der Steuersysteme, mit der Umweltanliegen vermehrt berücksichtigt werden sollten, zum Beispiel durch eine Verlagerung der Fiskallasten auf den Energieverbrauch.

Ökosteuern

Energieabgaben

Für die Unternehmenspolitik und die betriebliche Steuerplanung bedeutet dies, dass wohl vermehrt in Varianten und Szenarien gedacht werden muss. Der Status quo der steuerlichen Regulierungen darf nicht mehr a priori in die Zukunft verlängert werden, sondern er sollte ebenfalls Gegenstand kritischer Überprüfung sein.

Szenarienhafte Steuerplanung

Steuern als Value Driver

Oberste finanzielle Zielsetzung der modernen Unternehmens- und Konzernführung ist die nachhaltige Steigerung des Unternehmenswertes, auch vereinfachend als Shareholder-Value-Konzept bezeichnet.

Steigerung des Unternehmenswertes

Unternehmenswert und Shareholder Value

Die Wertbildung leitet sich finanzwirtschaftlich aus den erwarteten zukünftigen Free Cash-flows nach Steuern ab. Diese entsprechen den jährlich aus der operativen Geschäftstätigkeit erwirtschafteten Cash-flows abzüglich (zuzüglich) der periodisch notwendigen Ersatz- und Erweiterungsinvestitionen (Desinvestitionen), eingeschlossen die Veränderungen im operativen Nettoumlaufvermögen (insbesondere Vorräte und Debitoren).

Free Cash-flow nach Steuern

Investitionen und Desinvestitionen

Die Summe der Free-Cash-flow-Barwerte führt im Rahmen des üblicherweise angewandten Entity Approach

(Brutto- bzw. Gesamtkapitalansatz) zum Gesamtwert des Unternehmens, d.h. aller Vermögensteile (Enterprise Value). Subtrahiert man davon das Fremdkapital bzw. dessen Marktwert, so resultiert der Netto-Unternehmenswert, d.h. der letztlich im Zentrum stehende Wert des Eigenkapitals. Er bildet, neben anderen aktionärsrelevanten Performancekomponenten (Dividenden, Kapitalrückzahlungen usw.), die im Sinne des Shareholder-Value-Strebens entscheidende Zielgrösse.

Entity Approach: Gesamtwert des Unternehmens

Wert des Eigenkapitals

Shareholder Value

Die Gewinnsteuern stellen ein wesentliches Ausgabenelement im Rahmen der Bestimmung der Free Cash-flows dar. Die Steuerausgaben hängen dabei nicht nur von der operativen Cash-flow-Erzielung ab, sondern darüber hinaus auch von verschiedenen – nichtliquiditätswirksamen – Bewertungsvorgängen, insbesondere von den Abschreibungen und den Aufwendungen für die Bildung von Rückstellungen.

Gewinnsteuern

Bewertungsvorgänge

Eine weitere wichtige steuerrelevante Aufwandsgrösse sind die Fremdkapitalzinsen. Der steuerbare Gewinn wird durch sie zusätzlich reduziert.

Fremdkapitalzinsen

Im Rahmen von Unternehmenswertanalysen lässt sich der Gewinnsteuereinfluss der Fremdkapitalzinsen auf verschiedene Weise berücksichtigen. Einer exakten Ermittlung der Gewinnsteuern auf Basis des Gewinns nach Zinsen steht – wie im folgenden Abschnitt illustriert – deren Berechnung vom EBIT (Gewinn vor Zinsen und Steuern) gegenüber, die eine Steueradjustierung des für die Wertanalyse verwendeten WACC (durchschnittlicher Kapitalkostensatz) erfordert (vgl. weiterführend den Abschnitt «Stellenwert der Steuern in der Unternehmensbewertung», S. 51 ff.).

Adjustierung der durchschnittlichen Kapitalkosten

Wesen und Wirkungsweise des Value Driver «Steuern»

In der bekannten Wertkonzeption nach Rappaport (1986 und 1998) findet sich eine interessante generelle Umschreibung der wichtigsten Einflussgrössen der Wertbildung (Value Drivers) eines Unternehmens entsprechend dem Wertsteigerungsnetzwerk in ▶ Abb. 1. Dabei handelt es sich um folgende Grössen:

- Umsatzwachstum,
- Dauer des nachhaltigen Wachstums,
- operatives Cash-flow- bzw. Gewinnaufkommen (Cash-flow- bzw. Gewinnmarge),
- Steuerbelastung (Gewinnsteuersatz),
- Investitionen im operativen Working Capital,
- Ersatz- und Erweiterungsinvestitionen im Anlagevermögen abzüglich Desinvestitionen,
- durchschnittlicher Kapitalkostensatz.

Der Faktor Steuern bildet danach einen eigentlichen Value Driver, der sich durch geeignete Steuerminimierungsmassnahmen optimieren und maximal wertsteigernd ausgestalten lässt. Die insbesondere bei internationalen Konzernen schlummernden Wertpotenziale können dabei enorm sein, führen doch oft schon Steuerbelastungssenkungen von wenigen Prozenten zu einer Erhöhung des Free Cash-flows in (zwei- bis dreistelliger) Millionenhöhe.

Wie bereits erklärt, treten Steuerwirkungen jedoch nicht nur direkt über die Free Cash-flows nach Steuern (FCF_t), sondern auch indirekt über den steueradjustierten durchschnittlichen Kapitalkostensatz ($WACC_s$) auf. Damit wird der Steuereinfluss in der einfachen Grundformel der Discounted-Cash-flow-(DCF-)Wertherleitung gleich zweifach wirksam:

$$DCF\text{-Wert} = \sum_{t=0}^{T} \frac{FCF_t}{(1 + WACC_s)^t}$$

— Primärer Steuereinfluss
— Sekundärer Steuereinfluss

Wertkonzeption nach Rappaport

Value Drivers

Einflussgrössen der Wertbildung

Faktor Steuern als Value Driver

Free Cash-flows nach Steuern

Steueradjustierter Kapitalkostensatz ($WACC_s$)

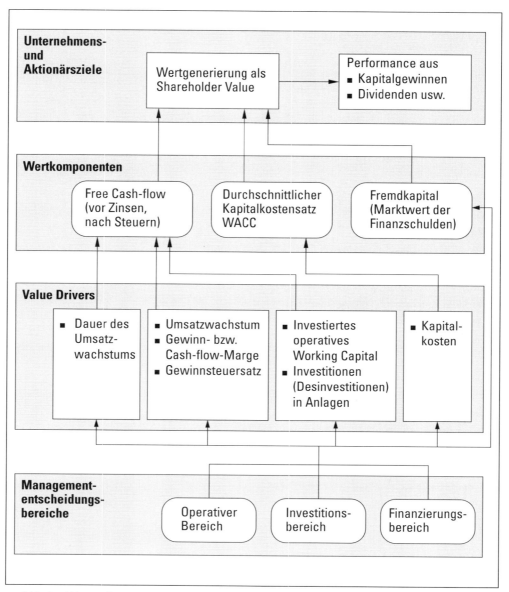

▲ Abb. 1 Wertsteigerungsnetzwerk nach Rappaport (Quelle: Rappaport 1986, S. 76, übersetzt und leicht modifiziert, vgl. auch Rappaport 1998)

Wesen und Wirkungsweise des Value Driver «Steuern»

▶ Abb. 2 zeigt ein konkretes Zahlenbeispiel zur steuerbereinigten DCF-Wertherleitung.

Unternehmenswertbestimmung auf DCF-Basis mit Nachweis der Gewinnsteuerberücksichtigung (in Mio. EUR) [Entity Approach]						
	Jahr 1	Jahr 2	Jahr 3	Jahr 4	Jahr 5	Folgejahre
Operative Cash-flows vor Steuern	116.0	121.4	124.6	136.6	148.4	156.6
Abschreibungen	−36.0	−38.0	−38.0	−40.0	−40.0	−40.0
EBIT (Gewinn vor Zinsen und Steuern)	80.0	83.4	86.6	96.6	108.4	116.6
Steuern (40%) vom EBIT	**−32.0**	**−33.4**	**−34.6**	**−38.6**	**−43.4**	**−46.6**
NOPAT (Gewinn nach Steuern vom EBIT)	48.0	50.0	52.0	58.0	65.0	70.0
Abschreibungen	36.0	38.0	38.0	40.0	40.0	40.0
Veränderung des operativen Nettoumlaufvermögens	−4.0	−5.0	−6.0	−6.0	−5.0	0.0
Investitionen im Anlagevermögen	−40.0	−33.0	−54.0	−32.0	−30.0	−40.0
Free Cash-flows [FCF]	40.0	50.0	30.0	60.0	70.0	70.0
Barwerte FCF Jahre 1–5	35.71	39.89	21.32	38.11	39.74	
Barwert FCF Jahre 6ff.						330.81
Barwertsumme (FCF Jahre 1–5)	174.8	[Kapitalkosten als WACC$_s$ 12%]				
Residualwert (RV) Jahr 5	330.8					
Unternehmenswert (brutto)	**505.6**					
./. Wert Fremdkapital	−169.0	[gemäss Bilanzsituation für Jahr 0]				
Unternehmenswert (netto)	**336.6**					
Kapitalkostensatz: FK-Zinssatz: 6%; EK-Kostensatz: 16.2%; Kapitalstruktur FK/EK: 1/2; Gewinnsteuersatz: 40%						
WACC$_s$ (steueradjustiert) = (6% (1 − **0.4**) · 1 + 16.2% · 2) / 3 = **12%**						

▲ Abb. 2 Beispiel zur steuerbereinigten DCF-Wertermittlung

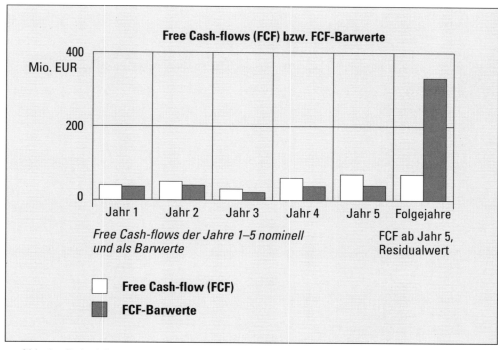

▲ Abb. 2   Beispiel zur steuerbereinigten DCF-Wertermittlung (Forts.)

Vielfalt und Bedeutung der Steuerarten

Die für das Unternehmen bzw. die Investoren (Fremd- und insbesondere Eigenkapitalgeber) relevanten Steuern lassen sich grob in direkte und indirekte unterteilen.

Die direkten Steuern umfassen als Hauptelement auf der Ebene des Unternehmens die Gewinnsteuer (auch: Ertragssteuer), ergänzt um die antiquierte, aber vereinzelt immer noch existierende Kapitalsteuer. Immobiliengewinne werden in vielen Steuergesetzen, insbesondere im Bereich der privaten Haushalte, mit einer besonderen Steuer erfasst, zum Beispiel mit einer so genannten Grundstückgewinnsteuer. Viele Länder kennen auch besondere Erbschafts- und Schenkungssteuern, die sich im Zuge von Geschäftserbfolgen besonders unangenehm auswirken können.

Bei Personenfirmen[1] (Einzelunternehmen [Sole Proprietorships], Personengesellschaften [Partnerships]), die keine eigenständigen juristischen Personen verkörpern, erfolgen Gewinn- und Kapitalbesteuerung auf der Ebene der hinter dem Unternehmen stehenden Privatpersonen (Einzelunternehmer, Personengesellschafter). Sie haben als relevante Steuersubjekte entsprechende Einkommens- und Vermögenssteuern zu bezahlen.

Kapitalgesellschaften (Aktiengesellschaften [Corporations] bzw. Gesellschaften mit beschränkter Haftung [GmbH] oder Genossenschaften) bilden als juristische Personen eigenständige Steuersubjekte. Die der Gesellschaft Eigenkapital zur Verfügung stellenden Investoren als Privatpersonen (z. B. Anleihensgläubiger und Aktienbesitzer) oder Unternehmen (z. B. Finanzgesellschaften) sind dabei völlig losgelöst zu sehen. Die bei ihnen anfallenden Steuern sind von den ihnen effektiv zufliessenden Kapitalerträgen

Direkte und indirekte Steuern

Gewinnsteuern

Kapitalsteuern

Grundstückgewinn-, Erbschafts- und Schenkungssteuern

Personenfirmen

Privatpersonen

Kapitalgesellschaften

Privatpersonen oder Unternehmen als Investoren

Kapitalerträge

---

1 Die Begriffe Personenfirmen und Personenunternehmen werden in diesem Buch synonym verwendet.

(insbesondere Dividendenzahlungen) abhängig sowie, je nach Steuergesetz unterschiedlich, von den beim Wiederverkauf von Aktien realisierten Kapitalgewinnen (bzw. -verlusten).

Kapitalgewinne

Kapitalgesellschaften können überdies für die ihnen zufliessenden Dividenden auf massgeblichen Beteiligungen den so genannten Beteiligungsabzug geltend machen, damit die Mehrfachbelastung ausgeschütteter Gewinne gemildert wird. Noch weiter geht diesbezüglich das in vielen Steuergesetzen verankerte Holdingprivileg. Dabei werden Holdinggesellschaften ohne eigentliche operative Tätigkeit gänzlich von der Gewinnsteuer befreit.

Beteiligungsabzug

Holdingprivileg

Je nach Land und nationaler Steuergesetzgebung bestehen weitere, hier nicht erwähnte, besondere Steuern, was etwa für die deutsche Gewerbeertrags- und die zur Abschaffung vorgeschlagene Gewerbekapitalsteuer als zusätzliche direkte Steuern auf Gemeindeebene zutrifft. In vielen Nationen liegt die Steuerhoheit für die direkten Steuern primär beim Gesamtstaat, in einzelnen Fällen indessen bei den Ländern (Kantonen), zum Beispiel in der Schweiz.

Gewerbeertrags- und Gewerbekapitalsteuer

Steuerhoheit

Die indirekten Steuern sind typischerweise Sache des Gesamtstaates (z.B. Mehrwertsteuer in Deutschland, Österreich und in der Schweiz), wobei auch hier wieder andere Lösungen möglich sind (z.B. Sales Tax in den USA als – nicht überall erhobene – Steuer der Teilstaaten). Die vom Waren- und Dienstleistungsverkehr abgeleiteten Steuern bilden zumeist die wichtigste indirekte Steuer.

Indirekte Steuern

Sales Tax

Der moderneren, in der Praxis aber komplizierten Mehrwertsteuer (Value Added Tax, VAT) (EU-Staaten, Schweiz usw.) steht die als «Einphasensteuer» ausgestaltete einfache Umsatzsteuer (Sales Tax) (insbesondere US-Teilstaaten) gegenüber. Bei der Mehrwertsteuer wird nicht einfach die Verkaufstransaktion von Gütern und Dienstleistungen an den Endverbraucher bzw. Endbenutzer in einem Schritt mit einem festen Prozentsatz auf dem Verkaufspreis belastet.

Mehrwertsteuer Value Added Tax, VAT

Umsatzsteuer

Vielfalt und Bedeutung der Steuerarten

Vielmehr wird auf jeder Stufe des Güter- und Dienstleistungsverkehrs der dort entstehende Mehrwert besteuert (Richtsatz in der EU um 20%; Deutschland 16%; Schweiz 7.6%). Zu diesem Zweck kann von dem auf dem Verkaufspreis zunächst resultierenden Bruttosteuerbetrag der so genannte Vorsteuerabzug geltend gemacht werden. Dieser betrifft die auf den vorgelagerten Handelsstufen aufgelaufenen Mehrwertsteuerbeträge. Begründet durch seine Kompliziertheit stellt heute der Mehrwertsteuerbereich eine eigentliche Spezialdisziplin in der der Steuerpraxis dar.

Besteuerung des Mehrwerts

Vorsteuerabzug

Daneben existieren, mit abnehmender Bedeutung, Geld- und Kapitalverkehrssteuern, in der Schweiz zum Beispiel in Form des Emissionsstempels (Aktienkapitalbeschaffung, Anleihensemissionen) oder des Umsatzstempels (Wertpapiertransaktionen).

Geld- und Kapitalverkehrssteuern: Emissionsstempel, Umsatzstempel

Wichtig sind auch die auf Kapitalerträgen (Dividenden-, Zins-, aber auch Lizenzzahlungen) erhobenen Quellensteuern (Verrechnungssteuer als Withholding Tax in der Schweiz, Kapitalabschlagssteuer in Deutschland), die eine Vielzahl von Doppelbesteuerungsabkommen (DBA) erforderlich machen.

Quellensteuern

Doppelbesteuerungsabkommen

«Steuerwirtschaftlicher Denksport»

Die ABC Group, ein im Zementbereich international tätiger Konzern, sei durch folgende Geschäftsdaten charakterisiert (absolute Werte in Mio. EUR):

Ausgangslage

- Geschätzter («ewiger») Free Cash-flow (Entity Approach, d.h. vor Zinsen und nach approximativen Steuern) bzw. («ewiger») NOPAT (Net Operating Profit after Tax)   54
- Durchschnittlicher Kapitalkostensatz (steueradjustiert) $WACC_s$ (Gewinnsteuersatz s = 40%)   11.5%
- Bruttowert ABC Group: $54 / 0.115 \approx$ 470

Nachfolgend sei der Einfluss steueroptimierender Massnahmen auf den Gesamtwert des ABC-Konzerns analysiert. Dabei ist von den beiden folgenden Sachverhalten auszugehen:
1. Reduktion Steuerausgaben: Die jährlichen Steuerausgaben können um durchschnittlich 10 pro Jahr gesenkt werden, und zwar durch steuerreduzierende operative und konzernstrukturelle Verbesserungen (ohne Kapitalstruktureffekte), die zu einer Reduktion des steuerbaren Gewinns führen.
2. Modifikation Kapitalstruktur: Veränderung der (wertmässigen) Kapitalstruktur vom bisherigen FK/EK-Verhältnis von 33.3%/66.7% auf 50%/50%, wobei der Fremdkapitalkostensatz k_{FK} (konstant) 7.5% und der Eigenkapitalkostensatz k_{EK} 15% (für die bisherige Kapitalstruktur) bzw. 16.5% (veränderte Kapitalstruktur mit erhöhtem Financial-Leverage-Risiko) beträgt.

Wie gross ist der Einfluss der Senkung der jährlichen Steuerausgaben um 10, und wie sieht der durch die zusätzlich veränderte Kapitalstruktur bewirkte Wertsteigerungseffekt aus?

Fragestellung

Für die ABC Group lassen sich aufgrund der oben umschriebenen Sachverhalte folgende Gesamtwertgrössen bestimmen:

Korrekte Lösung

Free Cash-flow pro Jahr (bisher)	54
$WACC_s$	11.5%
Bruttowert Konzern (bisher): 54 / 0.115 =	**470**

1. Reduktion Steuerausgaben:
   Erhöhter Free Cash-flow (neu): 54 + 10 = 64
   $WACC_s$ 11.5%
   Bruttowert Konzern (neu): 64 / 0.115 = **557**
   Wertsteigerung: (557 − 470) / 470 = 18.5%

2. Veränderung Kapitalstruktur:
   Kapitalkostensatz $WACC_s$ (bisher):
   (1 · 7.5% [1 − 0.4] + 2 · 15%) / 3 = 11.5%
   Kapitalkostensatz $WACC_s$ (verändert):
   (1 · 7.5% [1 − 0.4] + 1 · 16.5%) / 2 = 10.5%
   Erhöhter Bruttowert Konzern (verändert):
   64 / 0.105 = **610**
   Zusätzliche Wertsteigerung:
   (610 − 557) / 557 = 9.5%

Der Wertsteigerungseffekt steuerreduzierender Prozess- und Strukturmassnahmen sowie Kapitalstrukturveränderungen (Financial Engineering) kann ganz erheblich sein. In grösseren Konzerngebilden trifft dies in erhöhtem Masse zu, da sich je nach Konzerngegebenheiten sehr unterschiedliche Möglichkeiten zur Allokation von Gewinnen und der Verrechnung von Gewinnen und Verlusten ergeben und Unternehmen mit zunehmender Grösse tendenziell über eine verstärkte Verschuldungskapazität (Debt Capacity) verfügen.

Folgerungen

Gewinnsteuern als Element der Free-Cash-flow-Generierung

Steuern stellen eine wichtige Ausgabenkomponente im Zusammenhang mit der Cash-flow-Generierung dar. Sie sind weit gehend vom steuerlichen Gewinnausweis abhängig. Dabei spielen die Steuergesetze für juristische und natürliche Personen, die laufende Rechtsprechung sowie die steuerlichen Bewertungsvorschriften und die damit verbundene anerkannte Praxis eine zentrale Rolle.

Steuerlicher Gewinnausweis

Unternehmenssteuern natürlicher und juristischer Personen

Die nationalen Steuergesetze sind in aller Regel zweigeteilt, indem je ein Erlass für (1) natürliche Personen und (2) juristische Personen existiert. In Deutschland sind es zwei verschiedene Gesetze – das Einkommensteuergesetz (EStG) und das Körperschaftsteuergesetz (KStG) – in der Schweiz auf Bundesebene zwei Teile des Bundesgesetzes über die

Steuergesetze für natürliche und juristische Personen

direkte Bundessteuer (DBG) – der Teil «Besteuerung natürlicher Personen» sowie der Teil «Besteuerung juristischer Personen» – und auf der Ebene der einzelnen Kantone analog zum Bund je verschiedene Gesetzesteile. Unter die natürlichen Personen fallen einerseits die privaten Haushalte und anderseits die Personenfirmen (insbesondere Einzelfirma, Kollektiv- und Kommanditgesellschaft). Die juristischen Personen betreffen im Unternehmensbereich die Kapitalgesellschaften, namentlich die Aktiengesellschaft (AG), die Gesellschaft mit beschränkter Haftung (GmbH) (Deutschland, Schweiz, Österreich) und zum Teil die Genossenschaft.

	Besteuerung (relevantes Steuergesetz)	Ermittlung der Steuergrundlagen
Private Haushalte	Steuergesetz für natürliche Personen	Laufende geldwerte Einkünfte (mit Ausnahmen[1])
		Beachte: Keine Verrechnung von Abschreibungen, Rückstellungen usw. zulässig
Personenunternehmen	Steuergesetz für natürliche Personen	Buchhaltung bildet Grundlage zur Ermittlung der Steuerfaktoren
	Unternehmer (Gesellschafter) ist Steuersubjekt, und nicht das Unternehmen	Beachte: Ertrags- und Aufwandsverrechnung nach den Grundsätzen der kaufmännischen Buchführung
Kapitalgesellschaften	Steuergesetz für juristische Personen	Buchhaltung bildet Grundlage zur Ermittlung der Steuerfaktoren
	Gesellschaft ist eigenständiges Steuersubjekt	Beachte: Ertrags- und Aufwandsverrechnung nach den Grundsätzen der kaufmännischen Buchführung

▲ Abb. 3   Besteuerung von Unternehmen und von privaten Haushalten

1   In der Schweiz sind zum Beispiel Kapitalgewinne aus der Veräusserung von Privatvermögen steuerfrei (ausgenommen davon sind Grundstücksgewinne auf kantonaler Ebene).

Neben der Trennlinie «natürliche Personen – juristische Personen» (d.h. im Unternehmensbereich «Personenunternehmen – Kapitalgesellschaften») ist jene zwischen Privatpersonen (privaten Haushalten) und (buchführungspflichtigen) Unternehmen wichtig.

Unternehmen, seien sie Personenfirmen (natürliche Personen) oder Kapitalgesellschaften (juristische Personen), werden aufgrund des finanziellen Rechnungswesens besteuert (vgl. dazu ◄ Abb. 3).[1] Hinter der Unternehmensbesteuerung steht die so genannte Vermögenszuwachstheorie respektive der Vermögensstandsgewinn, was die steuerliche Zulässigkeit von Abschreibungen, Rückstellungsbildung und anderen Bewertungsaufwendungen erklärt (vgl. zur steuerlichen Bewertung ► Abb. 4).

Demgegenüber werden private Haushalte nach der so genannten Quellentheorie auf Basis der regelmässig fliessenden geldwerten Einkünfte besteuert, klassischerweise das Einkommen Unselbständigerwerbender. Einzelunternehmer sowie Teilhaber an Personenunternehmen haben ihren Erfolgsanteil am Unternehmen aufgrund der Buchhaltungsergebnisse zu deklarieren, welcher dann – als Einkommen aus selbständiger Erwerbstätigkeit – zum übrigen Einkommen hinzugerechnet wird.

Die Einkommensbesteuerung natürlicher Personen ist überwiegend (absolut) progressiv ausgelegt, was dann auch für den zum Gesamteinkommen geschlagenen Gewinn des Unternehmens bzw. Gewinnanteil am Unternehmen zutrifft. Für viele als Personenfirmen organisierte Kleinbetriebe fällt dieser Tatbestand in Anbetracht ihrer geringen Betriebsgrösse nicht allzu negativ ins Gewicht. Hingegen ist die aufgrund des nicht getrennten Geschäfts- und Privatbereichs reduzierte steuerplanerische Gestaltungsfreiheit

Buchführungspflicht

Unternehmen

Finanzielles Rechnungswesen

Vermögenszuwachstheorie

Private Haushalte: Quellentheorie

Einkommensbesteuerung natürlicher Personen

Steuerplanerische Gestaltungsfreiheit

---

1 Kleinstunternehmen, welche von Gesetzes wegen nicht buchführungspflichtig sind, haben zuhanden der Steuerbehörde Aufzeichnungen zu machen, welche über den Erfolg ihrer Tätigkeit Auskunft geben (Aufzeichnungspflicht).

Allgemeine Grundsätze	
Buchwertprinzip	Die im Rechnungswesen verbuchten Werte sind, soweit sie steuerlich anerkannt werden können, relevant.
Historisches Kosten- und Nominalwertprinzip	Die Aufwandverrechnung (z.B. Abschreibungen) erfolgt nach historischen Kosten. Es sind in Ländern mit geordneten Währungsverhältnissen keine Teuerungs- bzw. Inflationsadjustierungen möglich, d.h. es kann beispielsweise nicht unter null abgeschrieben werden. Verbindlichkeiten sind nicht zum Marktwert, sondern zum Nominal-, d.h. auch Rückzahlungswert zu bilanzieren.
Periodizitätsprinzip	Die Erfolgsabgrenzung soll periodengerecht erfolgen. Allerdings sind die Steuerbehörden im Zusammenhang mit betriebswirtschaftlich begründbaren Rückstellungsbildungen in der Regel grosszügig.
Ausgewählte besonders relevante steuerliche Bewertungsregeln	
Debitoren (Forderungen gegenüber Kunden)	Delkrederebildung zulässig, i.d.R. 5–10% des Debitorenwerts (Kanton Zürich: 10 bzw. 20% der in- bzw. ausländischen Forderungen).
Wertschriften des Umlaufvermögens	Grundsätzlich nach Buchwertprinzip.[1]
Waren- und Materialvorräte	Zumeist vorsichtige Bewertung toleriert; in der Schweiz zum Beispiel ein Drittel Unterbewertung vom bereinigten Einstandswert möglich (so genannter «Warendrittel»).
Materielles Anlagevermögen	Abschreibungen (zumeist steuerliche Richtsätze vom Buchwert respektive [halbe Sätze] vom Neu- bzw. Anschaffungswert) haben so genannten definitiven Charakter.[1]
Immaterielles Anlagevermögen	Käuflich erworbener Goodwill auf Firmenebene aktivier- und abschreibbar. Dies gilt steuerlich *nicht* für den Goodwill auf Konzernebene.
Rückstellungen	Zulässig bei geschäftsmässiger Begründung, aber nur provisorischer Charakter (jährliche Neubeurteilung).

▲ Abb. 4   Ausgewählte Grundsätze der steuerlichen Rechnungsführung und Bewertung

1   Für die Vermögenssteuer bei natürlichen Personen werden die Jahresendbestände an Wertschriften und Immobilien zu Markt- bzw. Verkehrswerten eingesetzt.

als klarer Nachteil anzusehen. Der Reinerfolg von Personenfirmen wird – unabhängig von Einbehaltung bzw. Ausschüttung – im entsprechenden Jahr vollumfänglich beim Steuersubjekt, d.h. beim Unternehmer (Gesellschafter) versteuert. Gleiches gilt für die Sozialabgaben, d.h. etwa in der Schweiz für die AHV (erste, staatlich verordnete Säule der Altersvorsorge). Man bezeichnet die Sozialabgaben aufgrund ihrer steuerähnlichen Wirkung auch als parafiskalische Abgaben. *Sozialabgaben* *Parafiskalische Abgaben*

Die Gewinnbesteuerung der Kapitalgesellschaften (Körperschaftsteuern) ist heute in fast allen Ländern linear konzipiert, indem ein so genannter Proportionalsatz angewendet wird. Bis vor wenigen Jahren gab es auch Steuergesetze, die für einbehaltene und ausgeschüttete Gewinne einen gespaltenen Gewinnsteuersatz (z.B. Deutschland mit tieferer Besteuerung der ausgeschütteten Gewinne) oder einen progressiven Steuersatz (z.B. Schweiz mit von der Eigenkapitalrendite abhängigem Gewinnsteuersatz [ist in der Schweiz heute noch vereinzelt der Fall]) kannten. Möglich sind auch Minimalsteuern oder ein progressiver Tarif im untersten Gewinnbereich (z.B. in den USA). *Gewinnbesteuerung juristischer Personen* *Eigenkapitalrenditeabhängiger Steuersatz*

Eine besondere steuerliche Behandlung erfahren zumeist die so genannten Stiftungen. Die Unternehmensstiftung spielt insbesondere im Zusammenhang mit der oft erbfolgebedingten «Verselbständigung» von Unternehmen bzw. unternehmerischem Vermögen eine Rolle. *Stiftung* *Unternehmensstiftung*

Gewinnbesteuerung der Aktiengesellschaft

Wesen und Bedeutung der Gewinnbesteuerung seien am Beispiel der Aktiengesellschaft etwas näher veranschaulicht.

Trotz der heute überwiegend proportional ausgelegten Gewinnsteuer ist die prozentuale Gewinnsteuerlast aus den Steuersätzen nicht immer direkt ersichtlich. In der Schweiz *Gewinnsteuerlast* *Steuersatz* beispielsweise erheben der Bund (Gewinnsteuersatz der direkten Bundessteuer 8.5%) und die Kantone (Kanton Zürich: Gewinnsteuersatz 8%) getrennte Gewinnsteuern. In den Kantonen muss die einfache Staatssteuer (steuerbarer Reingewinn multipliziert mit dem Steuersatz des Kantons) mit dem so genannten Steuerfuss von Kanton, Gemeinde und Kirchengemeinde gewichtet werden. Beträgt dieser zum Beispiel 250%, so ergibt sich bei einem Steuersatz von 8% eine Steuerbelastung von 8% · 2.5 = 20%. Normalerweise bezieht sich nun der Gewinnsteuersatz auf den Gewinn vor Steuern. Die Schweiz stellt dabei eine Ausnahme dar, indem hier auf dem Gewinn nach Abzug der bezahlten Steuern basiert wird. Eine Gewinnsteuerbelastung von 20% + 8.5% = 28.5% beträgt dann bezogen auf den Gewinn vor Steuern lediglich 28.5% / (100% + 28.5%) = 22.2%, was international als tief gelten darf.[1]

Direkte Bundessteuer

Steuerfuss

Die früher in Deutschland mit einem tieferen Satz besteuerten ausgeschütteten Gewinne führten zu einer oft durch Gesellschaften praktizierten «Schütt-aus-hol-zurück»-Politik (hohe Dividenden – spätere Kapitalerhöhungen). Das zur Entschärfung der Zweifachbelastung von Gewinn und Dividende angewendete Prinzip eines gespaltenen Gewinnsteuersatzes ist heute ersetzt durch eine reduzierte Einkommensbesteuerung der Dividende (Deutschland: so genanntes Halbeinkünfteverfahren), die sich unter dem Begriff des «Shareholder Relief» auch international durchgesetzt hat (z.B. heute auch in den USA – mit reduziertem Steuersatz für Dividendeneinkommen – sowie in der Schweiz – als Teileinkünfteverfahren – geplant[2]). Die in der

Gespaltener Gewinnsteuersatz: «Schütt-aus-hol-zurück»-Politik

---

1 Auf die nur für gewinnschwache Gesellschaften belastende – antiquierte und seltener werdende – Kapitalsteuer soll nicht eingegangen werden. Die Besteuerung von Kapital (bzw. Vermögen) muss aus moderner Wirtschaftssicht als überholt betrachtet werden.
2 Selten wird auch das Anrechnungsverfahren praktiziert, wenn von der Gesellschaft entrichtete Gewinnsteuern vom Dividendeneinkommen ganz oder teilweise abgezogen werden können.

Schweiz früher übliche, von der Eigenkapitalrendite abhängige Gewinnbesteuerung benachteiligte kapitalschwächere und vor allem risikoreichere Gesellschaften. Der «steuerwirtschaftliche Denksport» dieses Kapitels illustriert die hier besprochenen steuersystematischen Sachverhalte.

Die Gewinnbesteuerung einer Gesellschaft könnte – in irgend einem Land – ausgehend von einem Proportionaltarif von 33.3% (vom Reingewinn vor Steuern), wie folgt aussehen (Werte in Mio. USD):

Gewinnbesteuerung einer Gesellschaft

EBITDA (Gewinn vor Zinsen, Steuern, Abschreibungen, Amortisationen)	30
– Abschreibungen	–10
EBIT (Gewinn vor Zinsen und Steuern)	20
– Fremdkapitalzinsen	–5
EBT (Reingewinn vor Steuern)	15
– 33.3% Gewinnsteuern	–5
Reingewinn nach Steuern	10

EBITDA

EBIT

EBT

Die prozentual wirksame Steuerlast von 33.3% vom EBT beträgt hier vom EBIT 25% (d.h. 5 von 20) und vom EBITDA 16.6% (d.h. 5 von 30). Im letzten Fall spricht man gelegentlich auch von der so genannten Cash Tax Rate.

Cash Tax Rate

Interessant ist folgende Überlegung. Ohne steuerlich verrechenbare Abschreibungen und Fremdkapitalzinsen ergäbe sich eine Gewinnsteuer von 33.3% auf 30, d.h. von 10. Die Abschreibungen von 10 begründen ein so genanntes Tax Shield (d.h. eine Steuerersparnis) von 3.33, die Fremdkapitalzinsen von 5 eines von 1.66, d.h. insgesamt von 5. Besondere Bedeutung kommt dem durch den Fremdkapitaleinsatz bedingten Tax Shield im Zusammenhang mit Überlegungen zur optimalen Kapitalstruktur zu.[1]

Tax Shield

Tax Shield des Fremdkapitals

---

[1] Der Begriff Tax Shield wird in Theorie und Praxis der Corporate Finance primär für den (zweitgenannten) Steuervorteil des Fremdkapitals verwendet.

Bewertung und steuerlicher Jahresabschluss

Entscheidend für die jährlich geschuldete Gewinnsteuer ist der steuerbare Reingewinn. Bei Personenfirmen kommt seitens des Steuersubjekts «Privatperson» noch der verbuchte bzw. ausbezahlte Eigenlohn und Eigenzins dazu.

In kontinentaleuropäischen Ländern gilt in der Regel das Massgeblichkeitsprinzip der handelsrechtlichen Buchführung. Der steuerrelevante Reingewinn wird hier grundsätzlich auf Basis der nach Handelsrecht (Gesellschaftsrecht bzw. Spezialgesetze) geführten Finanzbuchhaltung bestimmt, wobei die Aufwandsbemessung steuerlich nach oben begrenzt ist, d.h. die Aktiven (Passiven) dürfen nicht beliebig tief (hoch) bewertet werden. Nur handelsrechtlich verbuchte Sachverhalte werden steuerlich anerkannt, allerdings lediglich im Umfang der steuerlichen Bewertungsnormen. Dies ist vor allem in Ländern zu beachten, wo das Handelsrecht die bewusste Bildung stiller Reserven zulässt.

In den angelsächsischen Ländern sind finanzielles Rechnungswesen (Financial Accounting) und Steuerabschluss (Tax Accounting) konsequent getrennt. Die Geltendmachung einer steuerwirksamen Anlagenabschreibung beispielsweise hängt dann nicht von deren Verbuchung in der Finanzbuchhaltung ab. Dies erleichtert die betriebliche Steuerplanung und macht sie von der Finanzpublizität des Unternehmens unabhängiger.

Steuerbarer Reingewinn

Eigenlohn, Eigenzins
Massgeblichkeitsprinzip

Handelsrechtliche Buchführung

Steuerliche Bewertung

Stille Reserven

Trennung von handels- und steuerrechtlichem Jahresabschluss

Steuerplanung und Finanzpublizität

«Steuerwirtschaftlicher Denksport»

Die konkreten Auswirkungen unterschiedlicher Steuersysteme auf die Gewinnsteuerbelastung von Kapitalgesellschaften sei mit dem nachfolgenden, bewusst einfach gehaltenen Beispiel demonstriert.

Die zu betrachtende Gesellschaft sei unter folgenden alternativen Konstellationen steuerlich unter die Lupe zu nehmen (Beträge in Mio. WE [Währungseinheiten]):

Ausgangslage

	Fall A	Fall B
Gesamtkapital	1000	1000
Fremdkapital	500	750
Eigenkapital (EK)	500	250
EBIT	100	100
Schuldzinsen	20	40
Gewinn vor Steuern	80	60
Dividende	40	20

Wie sieht die Gewinnsteuerlast unter den folgenden drei verschiedenen Gewinnsteuersystemen aus?

- *Steuersystem 1:* Proportionalbesteuerung mit 30 %
- *Steuersystem 2:* Gewinnsteuersatz auf einbehaltene Gewinne 40 %, auf ausgeschüttete Gewinne 20 %
- *Steuersystem 3:* von der EK-Rendite abhängiger Gewinnsteuersatz 1.5 · EK-Rendite

Welche generellen Folgerungen für das finanz- und steuerpolitische Verhalten des Managements von Aktiengesellschaften lassen sich daraus ableiten?

Fragestellung

Es ergeben sich aufgrund der oben umschriebenen Ausgangslage und Annahmen folgende Resultate:

Korrekte Lösung

Steuersystem 1:	Fall A	Fall B
30% Gewinnsteuern	**24**	**18**
Reingewinn nach Steuern	56	42

Steuersystem 2:	Fall A	Fall B
Einbehaltener Gewinn	40	40
Ausbezahlter Gewinn	40	20
40% Gewinnsteuern	16	16
20% Gewinnsteuern	8	4
Total Gewinnsteuern	**24**	**20**
Reingewinn nach Steuern	56	40

Steuersystem 3:	Fall A	Fall B
EK-Rendite vor Steuern	16%	24%
Gewinnsteuersatz	24%	36%
Gewinnsteuern	**19.2**	**21.6**
Reingewinn nach Steuern	60.8	38.4

Das *Steuersystem 1* (heute zumeist übliche Gewinnbesteuerung) stellt die weitaus beste Lösung dar. Sie wirkt neutral und ruft keine Verzerrungen der Finanzpolitik aus steuerlichen Gründen hervor.

Folgerungen

Das *Steuersystem 2* (früheres deutsches System) begründet einen Anreiz für grössere Dividendenzahlungen und fördert eine so genannte «Schütt-aus-hol-zurück»-Politik (dieser Effekt wird im Beispiel nicht explizit gezeigt). Ein solches System soll die Zweifachbesteuerung korrigieren bzw. mindern, wenn die Dividenden bei den Aktionären der privaten Einkommenssteuer unterworfen sind. Die heute in vielen Ländern praktizierte reduzierte Einkommensbesteuerung der Dividenden liess die Anwendung eines gespaltenen Gewinnsteuersatzes obsolet werden.

Das *System 3* wirkt in dem Sinne stark verzerrend, als eigenkapital- bzw. substanzstarke Unternehmen «belohnt», innovative, ertragsstarke Firmen «bestraft» werden. Eine aufgrund grösserer Unternehmensrisiken erzielte bzw. zu erzielende höhere EK-Rendite (ROE) darf aus kapitalmarkttheoretischer Sicht nicht mit einem höheren Steuersatz belegt werden.

Exkurs: Erstellung des steuerlichen Jahresabschlusses

Ausgangslage

Ein Jungunternehmer hat am 1. Januar 20x1 einen eigenen Handelsbetrieb als Einzelfirma in Zürich gegründet. Für das erste Geschäftsjahr wurde per 31. Dezember 20x1 ein provisorischer interner Jahresabschluss erstellt. Ausgehend von diesem Abschluss und den zusätzlichen Angaben ist ein handels- und steuerrechtlicher Jahresabschluss zu erstellen, der einen möglichst tiefen, aber steuerlich zulässigen Reingewinn ausweist.

Provisorische interne Bilanz per 31.12.20x1

Liquide Mittel	16	Kreditoren	15
Debitoren	30	Bankkredit	30
Warenlager	40		
Mobilien	14	Eigenkapital	55
Total Aktiven	100	Total Passiven	100

Provisorische interne Erfolgsrechnung 20x1

Warenaufwand	200	Verkaufsumsatz	400
Gemeinaufwand	60		
Eigenlohn	110		
Abschreibungen	2		
Fremdkapitalzinsen	1		
Reingewinn	27		
	400		400

Zusätzliche Angaben:

- In den *Liquiden Mitteln* sind *Wertschriften* im Betrag (Kaufpreis) von 5 enthalten, deren Börsenkurs Ende Jahr 6 beträgt.
- Der *Debitorenbestand* zeigt die effektiv vorhandenen inländischen Kundenguthaben.
- Das *Warenlager* ist zu Einstandspreisen bilanziert; eine betriebswirtschaftlich notwendige Wertkorrektur für Ladenhüter in der Höhe von 4 ist noch nicht berücksichtigt.
- Die *Mobilien* mit Neuwert von 16 wurden bereits um 2 auf 14 abgeschrieben. Der zulässige Normalsatz für Abschreibungen auf Geschäftsmobiliar (in Prozenten des Buchwerts) beträgt 25 %

(für Abschreibungen auf dem Anschaffungswert ist der Normalsatz um die Hälfte zu reduzieren).
- Eine (noch nicht verbuchte) *Garantie-Rückstellung* in der Höhe von 1 % des Verkaufsumsatzes erscheint betriebswirtschaftlich notwendig und gerechtfertigt.

Fragestellung

Schlussbilanz und Erfolgsrechnung sollen zu handels- und steuerrechtlichen Werten so erstellt werden, dass ein möglichst tiefer, aber durch die Steuerbehörde akzeptierter steuerlicher Reingewinn resultiert. Wie erfolgt die Besteuerung der Einzelfirma im vorliegenden Fall? Was ist zur Minimierung des steuerbaren Gewinns im Jahr 20x1 zu sagen?

Korrekte Lösung

Schlussbilanz per 31.12.20x1
(Ausgangswerte und korrigierte Werte)

Liquide Mittel	16 + 0 =	16*	Kreditoren	15	15
Debitoren	30	30	Bankkredit	30	30
Delkredere	0 – 3 =	–3	Rückstellungen	0	+ 4 = 4
Warenlager	40 – 4 – 12 =	24			
Mobilien	14 – 2 =	12	Eigenkapital	55	30
Total Aktiven	100	79	Total Passiven	100	79

* Wert Liquide Mittel für Vermögenssteuer: 16 + 1 = 17

Erfolgsrechnung 20x1
(Ausgangswerte und korrigierte Werte)

Warenaufwand	200 + 4 + 12 =	216	Verkaufsumsatz	400	400
Gemeinaufwand	60 + 3 + 4 =	67			
Eigenlohn	110	110			
Abschreibungen	2 + 2 =	4			
Fremdkapitalzinsen	1	1			
Reingewinn	27	2			
	400	400		400	400

- Die *Wertschriften* können zum Buchwert in der Bilanz belassen werden.
- Steuerlich ist eine Unterbewertung des *Warenlagers* (nach Vornahme der betriebswirtschaftlich notwendigen Wertkorrekturen) um einen Drittel zulässig.
- Die Wahl der degressiven Abschreibungsmethode erlaubt in den ersten Jahren höhere *Abschreibungen* auf den *Mobilien* (25 % vom Buchwert) als bei linearer Abschreibung (12,5 % vom Anschaffungswert).
- Steuerlich ist die Bildung eines *Delkrederes* problemlos zulässig, oft mit 5 % für Inlanddebitoren (Kanton Zürich: 10 %).
- Die *Rückstellungen* haben – wie übrigens auch das Delkredere – steuerlich «provisorischen» Charakter, indem die Steuerbehörde dessen Angemessenheit jährlich neu beurteilen kann (anders: Abschreibungen auf Anlagevermögen).

Anmerkungen

Im Fall der Einzelfirma stellt das Unternehmen kein Steuersubjekt dar. Die Besteuerung erfolgt auf Basis des Einzelunternehmers als natürliche Person. Der Jungunternehmer schuldet daher auf den Einkünften aus selbständiger Erwerbstätigkeit, hier auf dem Eigenlohn von 110 und dem steuerlich relevanten Reingewinn von 2 (insgesamt 112; es wurden keine Eigenzinsen als Aufwand verbucht, die ebenfalls wieder dazugezählt würden), die Einkommensteuer.

Die Minimierung des steuerbaren Gewinns im Gründungsjahr ist progressionsbedingt nicht unbedingt optimal, weil in den Folgejahren entsprechend mehr steuerbarer Gewinn (bzw. steuerbares Einkommen) entstehen wird.

Finanzierung, Kapitalkosten und Steuern

Eine Steigerung des Unternehmenswertes ist möglich über eine Erhöhung der erwarteten zukünftigen Free Cash-flows oder durch eine Senkung der durchschnittlichen Kapitalkosten (WACC). Letztere lässt sich steuerlich mittels einer für die Kapitalgeber steueroptimalen Finanzierung bewerkstelligen. Für die Investorenseite resultierende Steuervorteile kommen überdies teilweise auch dem Unternehmen durch entsprechend tiefere Renditeforderungen der Kapitalgeber zugute. Daneben sind die steuerlichen Vorteile des Fremdkapitals zu beachten, die sich entsprechend dem weiter oben Gesagten (vgl. das Beispiel in ◄ Abb. 2, S. 15) entweder auf Free-Cash-flow-Ebene oder dann innerhalb der Kapitalkostensätze berücksichtigen lassen.

Cash-flow-Erwartungen

Steueroptimale Finanzierung

Renditeforderungen der Kapitalgeber

Steuervorteile des Fremdkapitals

Kapitalkosten, Wertbildung und Steuereinfluss

Im Zusammenhang mit der Unternehmenswertbildung kommt dem durchschnittlichen Kapitalkostensatz (WACC) zentrale Bedeutung zu (Entity Approach). Bezüglich der Gewinnsteuern wird das Fremdkapital gegenüber dem Eigenkapital in aller Regel bevorzugt behandelt, indem die Fremdkapitalzinsen vom steuerbaren Gewinn absetzbar sind. Demgegenüber können steuerlich keine Eigenkapitalkosten verrechnet werden (Normaldividendenabzug).

Der Steuervorteil des Fremdkapitals lässt sich nun direkt in den Kapitalkostensätzen berücksichtigen. So wird zum Beispiel ein Fremdkapitalzinssatz von 4% bei einem Gewinnsteuersatz von 25% nur zu $4\% \cdot (1 - 0.25) = 3\%$ verrechnet. Ausgehend von einem zunächst zu 100% mit Eigenkapital finanzierten Unternehmen führt daher ein zunehmender Fremdkapitalanteil über den Steuereffekt zu einem sinkenden durchschnittlichen Kapitalkostensatz. Man spricht dabei auch vom steueradjustierten WACC, d.h. dem $WACC_s$.

Dazu ein einfaches Beispiel: Der Eigenkapitalkostensatz (k_{EK}) einer zunächst nur mit Eigenkapital finanzierten Gesellschaft betrage 10%. Der Gewinnsteuersatz liegt bei 25% (vom Gewinn vor Steuern). Das Unternehmen setze nun zunehmend Fremdkapital ein, wobei vereinfachend ein fester Fremdkapitalkostensatz (k_{FK}) von 4% (risikoloses Fremdkapital) angenommen wird. Der Eigenkapitalkostensatz wächst risikobedingt mit zunehmendem Financial Leverage an. Dabei gilt für das Risiko des Eigenkapitals (R_{EK}) Folgendes: $R_{EK} = R_K \cdot (1 + FK/EK)$, wobei R_K das Geschäftsrisiko ohne Einfluss des Fremdkapitals darstellt.[1]

WACC
(Weighted Average Cost of Capital)

Fremdkapitalzinsen als steuerlich anerkannter Aufwand

Steuereffekt der Fremdfinanzierung

Beispiel zum Kapitalkosteneffekt der Gewinnsteuern

---

1 Die Risikoprämie für R_K (R_K entspricht R_{EK} bei vollständiger Eigenfinanzierung) beträgt im folgenden Beispiel also $10\% - 4\% = 6\%$.

Kapitalkosten, Wertbildung und Steuereinfluss

Ohne Berücksichtigung des Steuervorteils des Fremdkapitals ergibt sich folgendes Bild:

FK/EK	k_{EK}	k_{FK}	WACC
0/1	10%	4%	10%
1/2	13%	4%	10%
1/1	16%	4%	10%
2/1	22%	4%	10%

Der bei Vernachlässigung der Steuerwirkung konstante WACC entspricht dem ursprünglichen Modigliani/Miller-Theorem der Irrelevanz der Kapitalstruktur.

Modigliani/Miller-Theorem

Mit Berücksichtigung des fremdkapitalseitigen Steuereffektes ergibt sich (bei Anwendung derselben Risikoformel[1]) folgendes Bild, wobei k_{FK_s} dem steueradjustierten Fremdkapitalkostensatz entspricht:

Risikozuschlag und Steuereffekt

FK/EK	k_{EK}	k_{FK_s}	$WACC_s$
0/1	10%	3%	10%
1/2	13%	3%	9.67%
1/1	16%	3%	9.50%
2/1	22%	3%	9.33%

Der oben transparent gemachte, kapitalkostenreduzierende Steuereffekt ist einer der Hauptgründe für die in den Industrieländern wiederholt beobachteten Leverage-«Wellen», so zum Beispiel in den späten 1980er Jahren. Den Steuervorteilen zusätzlichen Fremdkapitaleinsatzes stehen indessen – zumindest ab einem erhöhten Verschuldungsgrad – gewichtige Negativeffekte gegenüber, zum Beispiel aus

Leverage-«Welle»

---

[1] Es lässt sich – je nach unterstellten Annahmen zum Risikogehalt des Steuervorteils – auch eine modifizierte Risikoformel wie folgt anwenden: $R_{EK} = R_K \cdot (1 + FK/EK \cdot [1 - s])$. Die Financial-Leverage-bedingte Zunahme von k_{EK} fällt dann geringer aus, was zu einem stärker fallenden $WACC_s$ führt: k_{EK}: 10%; 12.25%; 14.5%; 19%; $WACC_s$: 10%; 9.17%; 8.75%; 8.33%. Vgl. dazu und zu dem hinter den Risikozusammenhängen stehenden Capital Asset Pricing Model (CAPM) auch Volkart 2006.

Financial Distress (Beeinträchtigung des operativen Geschäftes aufgrund finanzwirtschaftlicher Imageprobleme), Bankruptcy Costs (potenzielle Restrukturierungs- und Sanierungs- bzw. Konkurskosten) und Verlust an Flexibilität (fehlende Borrowing Power für neue Investitionschancen).

Dazu kommt die bereits erwähnte, heute in vielen Staaten realisierte Reduktion (tieferer Steuersatz, Halbeinkünfte- oder Teileinkünfteverfahren) oder Elimination (volles Anrechnungsverfahren oder Freistellung) der Besteuerung von Dividendeneinkommen beim Anteilsinhaber zwecks Entschärfung der wirtschaftlichen Doppelbelastung, was den oben beschriebenen Steuervorteil des Fremdkapitals auf Firmenebene etwas relativiert. Diese neue Praxis führte übrigens in den vergangenen Jahren auch zu tendenziell höheren Dividendenauszahlungen.

Randnotizen: Financial Distress; Bankruptcy Costs; Borrowing Power; Reduktion/Elimination der Doppelbesteuerung; Gewinn und Dividende

Steueraspekte ausgewählter Finanzierungsinstrumente

Der gezielte Einsatz bestimmter Finanzierungsinstrumente kann – manchmal auch nur für bestimmte Investorengruppen oder nur für eine gewisse Zeitspanne – zu spürbaren Steuervorteilen führen. Einige Beispiele dafür sind:

- Financial Leasing: Der Aufschwung des Leasinggeschäftes war in den USA massgeblich durch steuerliche Vorteile begründet, indem besondere Gegebenheiten (z. B. Investment Tax Credit, unterschiedliche Steuerbelastungen verschiedener Unternehmen) über bestimmte Zeitperioden leasingbedingte Steuereinsparungen ermöglichten.
- Zero Bonds und Discount Bonds (vgl. dazu das Beispiel in ▶ Abb. 5): Je nach Steuergesetzgebung erlauben solche Anleihensinstrumente bestimmten Kapitalanlegern,

Randnotizen: Steuervorteile; Financial Leasing; Investment Tax Credit; Zero Bonds und Discount Bonds

Ausgangslage Beispiel «Zero Bond»	**Die Profit Corp.** begibt einen **Zero Bond** mit einer Laufzeit von 10 Jahren. Die Emissionssumme beträgt 500 Mio. USD, die Rückzahlung nach 10 Jahren global 814.5 Mio. USD. Die Zero Bonds werden vor allem auch von **privaten Anlegern** erworben, wobei eine **Obligation** von nominell **5000 USD** nach **10 Jahren** inklusive Zins und Zinseszinsen mit **8144.5 USD** beglichen wird. Der **implizite Zinssatz** (yield to maturity) dieses Bonds beträgt offensichtlich $[8145 / 5000]^{1/10} - 1 = 1.629^{1/10} - 1 = 1.05 - 1 = \mathbf{0.05}$, entsprechend **5%**.
Betrachtungsweise und Annahmen	Die nachfolgenden Steuerüberlegungen basieren auf der Annahme, dass die Bonds von **nicht buchführungspflichtigen Privatanlegern** gehalten werden. Weiter soll davon ausgegangen werden, dass Letztere **nur laufende Zinseinnahmen** als Einkommen **versteuern** müssen, nicht aber noch nicht realisierte Kurswertsteigerungen auf Wertpapieren vor Laufzeitende. **Unternehmen** können steuerlich die handelsrechtlich korrekte Verbuchung der **Zinskosten** geltend machen.
Steuersituation beim Emittenten und beim Privatanleger	▪ Bei Verbuchung von 5000 USD je Zero Bond als Verbindlichkeit im Emissionszeitpunkt kann der **jährlich auflaufende Zins** als Kapitalkosten aufwands- und damit auch steuerwirksam verbucht werden gegen Bildung einer entsprechenden Rückstellung bzw. Erhöhung der Verbindlichkeit. Im Jahr 1 sind dies pro Zero Bond 250 USD (5% von 5000), im Jahr 2 sind es 262.5 USD (5% von 5000 · 1.05) usw., im Jahr 10 sind es 387.8 USD (5% von 5000 · 1.05^9). **Undiskontiert** beträgt die aus den Zinsaufwendungen resultierende **Steuerersparnis** bei einem Gewinnsteuersatz von 30% per Saldo (8144.5 − 5000) · 30% = **943.3 USD. Diskontiert** man die jährlichen Steuerbetreffnisse mit 5% (flache Zinskurve) per heute, so erhält man eine barwertige Gesamtsteuerersparnis je Zero Bond von **714.3 USD**. ▪ Bei den **Privatanlegern** fällt die **Einkommenssteuer** erst am Laufzeitende an, und zwar (Einkommenssteuersatz angenommen mit ebenfalls 30%) in der Höhe von **943.3 USD**, d.h. (8144.5 − 5000) · 30%. **Diskontiert mit 5%** auf den Emissionszeitpunkt ergibt dies lediglich **579.1 USD**, d.h. 943.3 / 1.05^{10}.

▲ Abb. 5 Beispiel zur steuerlichen Behandlung von Zero Bonds (Null-Prozent-Obligationen)

Fazit	Im Vergleich zu einem zinstragenden 5% Bond beträgt der Barwert der für den Privatanleger anfallenden Steuern unter den formulierten Annahmen anstatt 714 USD bloss 579 USD, d. h. 135 USD weniger (bei Diskontierung mit dem Nachsteuersatz von 3.5% beträgt diese Reduktion des Steuerbarwertes 105 USD). **Bei einer Renditeforderung** von $5\% \cdot (1-0.3) = \mathbf{3.5\%}$ **nach Steuern des Anlegers** hätten bei einem normalen Bond sämtliche Rückflüsse nach Steuern einen Barwert von gerade 5000 USD. Dieser **Barwert** beträgt im Falle des **steuerbevorteilten Zero Bond** $(8144.5 - 943.3) / 1.035^{10} = \mathbf{5105\ USD}$. Für den **Privatanleger** ergibt sich die **Nachsteuerrendite r** damit wie folgt: $(8144.5 - 943.3) / (1 + r)^{10} = 5000$; **r = 3.715%**. Wenn er sich mit 3.5% begnügen würde, könnte der Rückzahlungsbetrag auf rund 7940 USD gesenkt werden. Dies ergäbe eine theoretische **Zinsbelastung für den Emittenten** von $[7940 / 5000]^{1/10} - 1 = 1.588^{1/10} - 1 = 1.0473 - 1 = \mathbf{0.0473}$ entsprechend bloss **4.73%**.

▲ Abb. 5 Beispiel zur steuerlichen Behandlung von Zero Bonds (Null-Prozent-Obligationen) (Forts.)

von Steuervorteilen zu profitieren, zum Beispiel aus einkommensteuerlich nicht erfassten Ertragselementen. Interessant ist die Beobachtung, dass der Fiskus die steuerrechtliche Behandlung neuer, steuersenkender Instrumente oft mit einer gewissen zeitlichen Verzögerung anpasst und damit «Steuernischen» eliminiert.

- Aktionärsdarlehen: Eine Möglichkeit bietet sich mittelständischen Gesellschaften in Form der Kapitalaufbringung durch Aktionärsdarlehen. Sie stellen eine Unternehmenfinanzierung dar, die – im Vergleich zu entsprechendem Eigenkapital – einen erhöhten Abzug steuerwirksamer Fremdkapitalzinsen erlaubt.

   Aktionärsdarlehen

- Konzerninterne Darlehen: Die konzerninterne Speisung von Tochtergesellschaften mit Fremdkapital kann insofern steuerliche Vorteile bewirken, als die finanzierten Gesellschaften die darauf anfallenden Zinsaufwendungen steuerwirksam absetzen können.

   Konzerninterne Darlehen

Optimaler Werttransfer an die Aktionäre

Aus Aktionärssicht – insbesondere bei privaten Haushalten – auch steuerlich wichtig ist die Form des Werttransfers der Gesellschaft an die Anteilseigner. Der Ertrag des Aktionärs resultiert im Wesentlichen aus Dividenden und Kursgewinnen sowie aus allfälligen Kapitalrückzahlungen (Aktienrückkäufe, Nennwertherabsetzungen usw.), manchmal auch aus Bezugsrechten oder spezifischen Optionen (z.B. Put-Optionen im Zusammenhang mit Aktienrückkäufen). (Auf die ebenfalls steuerrelevante Kompensation des Managements mit Aktien und Optionen, etwa im Rahmen eines so genannten ESOP, d.h. Employee Stock Option Plan, soll hier nicht eingegangen werden.)

Aktionärssicht

Form des Werttransfers

Management

ESOP

Dividenden stellen aus Sicht der privaten Haushalte steuerbares Einkommen dar. Kurs- bzw. Kapitalgewinne werden in den nationalen Steuergesetzen unterschiedlich behandelt. Möglich sind: Qualifizierung wie normale Einkünfte, Teilbesteuerung, Besteuerung mit reduziertem Satz, Steuerbefreiung, wobei Letzteres typisch ist für die Schweiz. Indessen versucht der Fiskus auch hier, nach Möglichkeit anstelle eines steuerfreien Kapitalgewinns einen steuerbaren Vermögensertrag zu vermuten (z.B. durch Einstufung als gewerbsmässige Erwerbstätigkeit oder indirekte Teilliquidation). Befinden sich die Beteiligungsrechte im Geschäftsvermögen einer natürlichen oder juristischen Person, stellen Dividenden sowie Kursgewinne einen steuerbaren Ertrag dar (wobei seitens der Kapitalgesellschaften gegebenenfalls der Beteiligungsabzug beansprucht oder das Holdingprivileg geltend gemacht werden kann).

Dividenden und Kursgewinne

Steuerfreie Kapitalgewinne

Steuerbarer Vermögensertrag

Weiter können auch Kapitalrückführungen Steuervorteile bieten, in der Schweiz insbesondere in Form von Nennwertrückzahlungen. Solche sind für private Haushalte einkommenssteuerfrei, was auch für die börsenmässige Veräusse-

Kapitalrückführungen

rung von Put-Optionen im Zusammenhang mit Aktienrückkäufen zutrifft.

Das Beispiel in ▶ Abb. 6 illustriert diese Sachverhalte.

Ausgangslage «Optimaler Werttransfer an die Aktionäre»	Für die in der Schweiz domizilierte ertragsstarke Valufit AG sollen Überlegungen zum optimalen Werttransfer an die Aktionäre aus steuerlicher Sicht angestellt werden. Die Gesellschaft möchte einen Betrag (Werte in 1000 WE) von 100 an die Aktionäre ausschütten. Das Aktienkapital beträgt (nominell) 400, die Reserven (Rücklagen) insgesamt 1600. Die Anzahl Aktien beträgt 200 000, der innere Wert pro Aktie daher 10. Der Börsenkurs liegt gegenwärtig bei 12.5 WE.
Betrachtungsweise und Annahmen	Es sind Überlegungen zu folgenden Alternativen anzustellen (Schweizer Sicht): ■ Entrichtung einer Dividende von 100 ■ Nennwertrückzahlung um 25% des Aktiennominalwertes, d.h. insgesamt 100 ■ Aktienrückkauf zum Marktwert im Umfang von 100 (8000 Aktientitel à 12.5) ohne nachfolgende Aktienkapitalherabsetzung ■ Aktienrückkauf zum Marktwert im Umfang von 100 (8000 Aktientitel à 12.5) mit nachfolgender Aktienkapitalherabsetzung ■ Aktienrückkauf durch Abgabe von Put-Optionen (Rückkauf von 5000 Aktientiteln zum Ausübungspreis von 20, pro bisherige Aktie 1 Put, 40 Puts berechtigen zur Andienung von 1 Aktie zu 20 an die Gesellschaft)
Steuerliche Konsequenzen für Private und Buchführungspflichtige	■ **Dividendenauszahlung von 100:** Die Dividende fällt auf Aktionärsseite unter die Einkommens- (private Haushalte) bzw. Gewinnbesteuerung (Personenfirmen und Kapitalgesellschaften). Wenn Dividenden nur anteilig oder mit einem reduzierten Steuersatz besteuert werden, entsteht eine entsprechend reduzierte Steuerlast (übliche Lösung in den EU-Ländern). ■ **Nennwertreduktion 25% im Gesamtbetrag von 100:** Nennwertrückzahlungen lösen auf Aktionärsseite, namentlich bei privaten Haushalten, keine Besteuerung aus. Bei buchführungspflichtigen Steuersubjekten hängt die Steuerwirkung von der buchhalterischen Behandlung ab (bei einer Buchung «Liquide Mittel / Wertschriften» ergäbe sich keine Steuerkonsequenz).

▲ Abb. 6 Steueraspekte des Werttransfers an die Aktionäre

Steuerliche Konsequenzen für Private und Buchführungspflichtige (Fortsetzung)	■ **Aktienrückkauf zum Marktwert *ohne* Kapitalherabsetzung:** Die Aktien werden am Markt, in der Regel im Rahmen eines Rückkaufprogramms, zum Börsenkurs zurückgekauft, im Beispiel vereinfachend fest mit 12.5 angenommen. Private Haushalte können dabei einen je nach früherem Kaufkurs ausfallenden steuerfreien Kapitalgewinn vereinnahmen wie bei gewöhnlichem Wiederverkauf. Für buchführungspflichtige Steuersubjekte gilt das Buchwertprinzip. ■ **Aktienrückkauf zum Marktwert *mit* Kapitalherabsetzung:** Die Aktien werden am Markt, in der Regel im Rahmen eines Rückkaufprogramms, zum Börsenkurs zurückgekauft, im Beispiel vereinfachend fest mit 12.5 angenommen. Die nachfolgende Kapitalherabsetzung macht es (Schweiz) notwendig, die Titel von institutionellen Investoren (über eine zweite Handelslinie an der Schweizer Börse SWX) zurückzukaufen. Private Haushalte würden in die «Steuerfalle» der direkten Teilliquidation geraten und hätten Einkommenssteuern auf der Differenz «Verkaufserlös ./. Nennwert»[1] zu tragen. ■ **Aktienrückkauf durch Abgabe von Put-Optionen:** Die Abgabe von Put-Optionen erlaubt es theoretisch allen Aktionären, individuell über einen Titelverkauf an die Gesellschaft oder eine börsenmässige Veräusserung der werthaltigen Puts zu entscheiden. Faktisch (Schweiz) haben private Haushalte wegen des oben beschriebenen Problems der direkten Teilliquidation nur dann eine Wahlmöglichkeit, wenn die Gesellschaft keine Kapitalherabsetzung plant (gleiches Problem wie oben beim direkten Aktienrückkauf). Falls eine Kapitalherabsetzung vorgesehen ist, sollten Private ihre Put-Optionen veräussern und der Gesellschaft keine Titel andienen. Der Verkauf der Puts ermöglicht ihnen die Realisierung eines steuerfreien Kapitalgewinns.
Latente Steuern	Manchmal müssten genau genommen auch zukünftige Steuerwirkungen berücksichtigt werden, welche heute latente Steuern auf der Ebene der Gesellschaft oder der Aktionäre begründen. Im Falle der Nennwertrückzahlung werden Aktionäre als private Haushalte bei einer allfälligen späteren Liquidation der Gesellschaft eine um den früheren Steuervorteil erhöhte Steuerlast zu tragen haben.

▲ Abb. 6   Steueraspekte des Werttransfers an die Aktionäre (Forts.)

1 Dies gilt genau genommen nur dann, wenn keine Eigenkapitalbeschaffung über pari stattgefunden hat. Einbezahlte Agios werden in den meisten Steuergesetzen zum Nennwert addiert.

«Steuerwirtschaftlicher Denksport»

Die Compact Disc AG tätigt eine grössere Investition zur Aufnahme der Produktion eines neuen DVD-Datenträgers. Dabei wird eine teure Fertigungsanlage nicht zu Eigentum erworben, sondern durch Abschluss eines Financial-Leasing-(FL-)Vertrages eingerichtet.

Ausgangslage

Die FL-Konditionen und die Investitionsdaten lauten – stark vereinfacht – wie folgt (Beträge in 1000 WE):
- Investitionssumme   1500
- Vertragsdauer Leasing   6 Jahre
- Leasingraten
  (umgerechnet auf endfällige Jahresraten)   320
- Abschlussgebühr und Übernahmepreis
  nach Vertragsablauf je   0

Es sollen einige Überlegungen zur buchhalterischen Behandlung dieses Financial-Leasing-(FL-)Vertrages aus steuerlicher Sicht angestellt werden. Dabei kann von «grosszügigen» steuergesetzlichen Rahmenbedingungen ausgegangen werden. Die bilanzierten Anlagen dürfen mit 20 % pro Jahr (lineare Abschreibung) oder mit dem doppelten Satz (degressive Abschreibung) amortisiert werden. FL-Verträge lassen sich als Ausserbilanz-Engagements oder als bilanzrelevante Sachverhalte behandeln.

Fragestellung

- Nichtbilanzierung des Financial Leasing (FL): Eine ausserbilanzmässige Behandlung der FL-Investition würde eine klare Situation ergeben. Über die 6 Jahre Vertragsdauer wird jedes Jahr die Leasingrate von 320 als steuerwirksamer Aufwand anfallen.
- Bilanzierung des Financial Leasing (FL): Hier wird die Investition als (in Leasing stehendes Aktivum bezeichneter) Anlagevermögensteil aktiviert. Die in Zukunft geschuldeten Leasingraten sind folgerichtig als Leasingverbindlichkeiten im langfristigen bzw. kurzfristigen Fremdkapital zu passivieren. Dabei muss eine Barwertermittlung vorgenommen werden, da ja die übliche Fremdkapitalbilanzierung auch keine Zinsanteile enthält.
Die impliziten Fremdkapitalkosten des FL-Vertrages können buchhalterisch oder exakter als Internal-Rate-of-Return-(IRR-) Ermittlung vorgenommen werden. Buchhalterisch betrachtet enthält die FL-Jahresrate je 1500 / 6 = 250 Abschreibungen. Die

Korrekte Lösung

restlichen 320 − 250 = 70 verkörpern den Kapitalzinsanteil. Bei einem Durchschnittskapital von (1500 + 250) / 2 = 875 resultiert ein Zinskostensatz von 70 / 875 = 8 %.

Die IRR-Berechnung für den FL-Kostensatz (k_{FL}) sieht wie folgt aus:

$$\sum_{t=1}^{6} \frac{320}{(1+k_{FL})^t} = 1500 \longrightarrow k_{FL} = 7.55\%$$

Die Leasingrate, die sich grob gerechnet im Jahresdurchschnitt aus 250 Abschreibungen, d.h. Kapitalamortisation, und 70 Zinskosten zusammensetzt, lässt sich über die sechs Jahre auch exakt aufsplitten:

Jahr	FL-Rate	Rest-kapital	FL-Zinskosten (7.55%)	Kapital-amortisation	FL-Zins + Kapital-amortisation
0		1500.0			
1	320	1293.2	113.2	206.8	320
2	320	1070.7	97.6	222.4	320
3	320	831.5	80.8	239.2	320
4	320	574.2	62.7	257.3	320
5	320	297.6	43.3	276.7	320
6	320	0.0	22.4	297.6	320
			420.0	1500.0	1920

Die bilanzwirksame Verbuchung des FL-Vertrages sieht nun wie folgt aus (t = je Ende Jahr):

t 0:	Anlagen in Leasing / FL-Fremdkapital	1500
t 1:	Abschreibungen / Anlagen in Leasing	300
	Zinsaufwand / Liquide Mittel	113.2
	FL-Fremdkapital / Liquide Mittel	206.8
t 2:	Abschreibungen / Anlagen in Leasing	300
	Zinsaufwand / Liquide Mittel	97.6
	FL-Fremdkapital / Liquide Mittel	222.4
...	...	...
t 6:	Abschreibungen / Anlagen in Leasing	0
	Zinsaufwand / Liquide Mittel	22.4
	FL-Fremdkapital / Liquide Mittel	297.6

Folgerungen

Eine ausserbilanzmässige Behandlung des Financial-Leasing-Kontraktes führt zu klaren, aber steuerplanerisch auch sehr starren Verhältnissen. Bei einem Gewinnsteuersatz von 25% resultiert eine gleichbleibende Steuerreduktionswirkung pro Jahr von 25% · 320 = 80. Der Wert der über sechs Jahre entstehenden Steuerwirkungen entspricht damit undiskontiert 480, bei einem Diskontierungssatz von 5%, der Jahresbetrag von 80 multipliziert mit einem Rentenbarwertfaktor[1] (6 Jahre, 5%) von 5.08, also 80 · 5.08 = 406.

Die bilanzwirksame FL-Erfassung erlaubt jährliche Abschreibungen und Zinsaufwendungen. Damit ist ein gewisses Flexibilitätspotenzial geschaffen, indem die Steuerbehörden einen bestimmten Verbuchungsspielraum tolerieren. Bei linearer Abschreibung (300 pro Jahr für die Jahre 1 bis 5) und den oben berechneten, abnehmenden Zinsaufwendungen (t 1: 113; t 2: ...; ... t 6: 22.4) würde sich eine Steuerreduktionswirkung für die Jahre 1 bis 6 von 25% von 413 (d.h. von [300 + 113]) = 103 (Jahr 1) und von 99, 95, 91, 86 und 6 (Jahre 2 bis 6) ergeben, in der Summe undiskontiert 480 und diskontiert (mit 5%) 417.

Bei degressiver Abschreibung (40% vom Restbuchwert pro Jahr) würde sich durch die Steuerverschiebungswirkung (Zins- und Zinseszinswirkung) eine barwertige (5%) Steuerwirkung von 427 ergeben.

In Ländern, wo das so genannte Massgeblichkeitsprinzip der handelsrechtlichen Buchführung im Hinblick auf den Steuerabschluss gilt, muss die Leasingbilanzierung auch handelsrechtlich erfolgen, damit sie steuerlich akzeptiert wird. Dies entspricht übrigens auch der Behandlung langfristiger FL-Engagements nach modernen, vor allem im Konzernabschluss international praktizierten Buchführungsnormen, insbesondere nach IFRS (International Financial Reporting Standards) und US GAAP (US Generally Accepted Accounting Principles).

---

[1] Die Ermittlung des Kapitalwertes für gleichbleibende zukünftige Cash-flows vereinfacht sich finanzmathematisch im Sinne der so genannten Rentenbarwertbildung.

Stellenwert der Steuern in der Unternehmensbewertung

Unternehmensbewertungen sind im modernen Wirtschaftsleben zusehends wichtiger geworden, so im Zusammenhang mit den immer zahlreicheren M&A-Transaktionen. Dabei spielen Steuerfragen eine wesentliche Rolle.

Unternehmensbewertung

Mit Blick auf den Substanzwert eines Unternehmens stellt sich die Frage, inwieweit steuerlich unterbewertete Vermögensteile mit latenten Steuern belastet sind. Der Käufer eines Unternehmens wird beispielsweise nicht bereit sein, für ein steuerlich unterbewertetes Warenlager den vollen Wert zu entrichten. Er kann Steueraufwand nicht mehr geltend machen, von dem der Verkäufer bereits profitiert hat.

Latente Steuern

Von zentraler Bedeutung ist die Ermittlung des Ertrags- oder DCF-Wertes eines Unternehmens. Dabei steht die Belastung der in Zukunft erwarteten Gewinne bzw. Free Cash-flows durch Gewinnsteuern im Vordergrund (vgl. dazu den Abschnitt «Gewinnsteuern als Element der Free-Cash-flow-Generierung», S. 23ff.).

Free Cash-flow und Gewinnsteuern

Substanzwert und latente Steuern

Eine erste, eher traditionelle, aber nach wie vor für die Praxis wichtige Betrachtungsweise besteht in der Erfassung des so genannten Substanzwerts eines Unternehmens. Dieser stellt die Summe der Reproduktionskosten-Zeitwerte der einzelnen Aktiven dar, d. h. vereinfacht gesagt den aktuellen «statischen» Gesamtwert aller Vermögensteile. Betriebliche Aktiven werden dabei zu heutigen Wiederbeschaffungswerten abzüglich einer angemessenen Abschreibung bewertet, neutrale bzw. nichtbetriebsnotwendige Aktiven zumeist zum aktuellen Liquidationswert, d. h. bei Liegenschaften etwa auch zum Verkehrswert.

Substanzwert: Reproduktionskosten-Zeitwert

Wiederbeschaffungswerte

Liquidationswert, Verkehrswert

Der im Status erfasste Substanzwert des Gesamtvermögens (ohne Goodwill) muss nun mit dem für die Gewinnsteuern massgeblichen Vermögenswert verglichen werden. In der Regel liegt der steuerrelevante Substanzwert tiefer, was nichts anderes bedeutet, als dass die bisherige Unternehmensleitung von einer steuerreduzierenden Bildung stiller Reserven profitierte. Für den Firmenkäufer heisst dies spielgelbildlich, dass er steuerlich das durch den Substanzwert repräsentierte Abschreibungs- bzw. Bewertungspotenzial nicht voll ausnützen kann. Auf den Aktiven (bzw. Passiven, z. B. in Form von Rückstellungen) lastet dann eine latente Gewinnsteuer, die der Unternehmenskäufer vom unbereinigten Substanzwert, allenfalls noch speziell gewichtet, abziehen sollte.

Bildung stiller Reserven

Latente Gewinnsteuern

Traditionellerweise verrechnet man die latenten Gewinnsteuern zum halben Steuersatz, da diese Steuern erst in der Zukunft fällig werden. Umgekehrt kann man argumentieren, dass bei Nichtvorhandensein der stillen Reserven sofort ein grösseres Abschreibungs- (Anlagevermögen) bzw. Minderbewertungspotenzial (z. B. Warenlager) zur Verfügung stehen würde. Dies spricht für eine Verrechnung der latenten Steuern zu einem nahe beim vollen Gewinnsteuersatz liegenden Wert.

Verrechnung latenter Steuern

Unternehmenssteuern bei der DCF- und Ertragswertbestimmung

Zur Berücksichtigung der Gewinnsteuern im Rahmen von DCF- bzw. Ertragswertermittlungen bieten sich verschiedene Möglichkeiten an. Es sind, ganz grob skizziert, die folgenden:

Gewinnsteuern und DCF-Bewertungen

Möglichkeit	Konsequenz
1. Vernachlässigung der Steuerausgaben	Anhebung des Kapitalkostensatzes
2. Ermittlung der exakten Gewinnsteuern (vom EBT)	WACC-Anwendung ohne Steueradjustierung
3. Ermittlung der Gewinnsteuern vom EBIT	Anwendung eines steueradjustierten Kapitalkostensatzes ($WACC_s$)
4. Ermittlung der Gewinnsteuern vom EBIT mit separater Berücksichtigung des Tax Shield	WACC-Anwendung ohne Steueradjustierung[1]

Die Varianten 1 und 2 stellen eher den Ausnahmefall dar. Variante 3 entspricht dem gängigen «state of the art» und deckt sich auch mit der üblichen «Lehrbuchlösung» im angelsächsischen Bereich. Variante 4 könnte in Zukunft vermehrt Bedeutung erlangen, indem sich hier eine separate und transparente Bewertung der Wertgenerierung aus Financial Engineering offeriert. Man bezeichnet den so ermittelten Wert auch als Adjusted Present Value (APV).

Financial Engineering

Adjusted Present Value (APV)

Das Beispiel in ▶ Abb. 7 zeigt die unterschiedlichen Ansatzpunkte der Wertermittlung.

---

[1] Genau genommen wäre der Eigenkapitalkostensatz, der sich bei einer Finanzierung des Unternehmens mit 100% Eigenkapital ergeben würde, zu verwenden. Der nicht steueradjustierte WACC stellt in diesem Falle aber einen brauchbaren Näherungswert dar.

Ausgangslage Beispiel «DCF-Wertbildung und Steuern» (Basis: Ertragswertmethode)	
■ EBITDA (Gewinn vor Zinsen, Steuern, Abschreibungen, Amortisationen)	360
■ Abschreibungen auf Anlagevermögen	60
■ Gewinnsteuersatz	40 %
■ Kapitalstruktur (Fremdkapital/Eigenkapital)	1/1
■ Fremdkapital	1000
■ Fremdkapitalzinsen (5 %)	50
■ Eigenkapital-(EK-)Kostensatz	15 %
Wertermittlung (Ertragswertansatz) unter Steuerberücksichtigung	
1. Unternehmenswert (Equity Approach [selten])	
EBITDA	360
– Abschreibungen	–60
– Fremdkapitalzinsen	–50
Gewinn vor Steuern (EBT)	250
– *Gewinnsteuern 40 %*	*–100*
Reingewinn	150
Wert Eigenkapital (EK-Kostensatz 15 %): 150 / 0.15 =	**1000**
2. Unternehmenswert (Entity Approach [exakte Steuern, selten])	
Gewinn vor Steuern (EBT) (Herleitung wie bei 1.)	250
– *Gewinnsteuern 40 %*	*–100*
Reingewinn	150
+ Fremdkapitalzinsen	50
Gewinn vor Zinsen nach Steuern (EBI)	200
WACC (**ohne** Steueradjustierung): (1 · 5 % + 1 · 15 %) / 2 = **10 %**	
Wert Gesamtkapital (WACC 10 %): 200 / 0.1 =	*2000*
– Fremdkapital	–1000
Wert Eigenkapital	**1000**

▲ Abb. 7   Beispiel zur steuerbereinigten DCF-Wertermittlung

3. Unternehmenswert (Entity Approach [Steuern grob, üblich])

EBITDA	360
− Abschreibungen	−60
EBIT (Gewinn vor Zinsen und Steuern)	300
− Gewinnsteuern 40%	−120
NOPAT (Gewinn vor Zinsen nach Steuern [vom EBIT])	180

$WACC_s$ (**mit** Steueradjustierung): $(1 \cdot 5\% \,[1 - 0.4] + 1 \cdot 15\%) / 2 = 9\%$

Wert Gesamtkapital ($WACC_s$ 9%): 180 / 0.09 =	2000
− Fremdkapital	−1000
Wert Eigenkapital	**1000**

4. Unternehmenswert (Entity Approach mit separater Tax-Shield-Bewertung)

(Gewinn vor Zinsen nach Steuern [vom EBIT], d.h. NOPAT gemäss Variante 3, unter Anwendung des nicht steueradjustierten WACC)
(Ausgangslage ermittelt gemäss oben: NOPAT = 180; WACC = 10%)

Wert Gesamtkapital (ohne Tax Shield): 180 / 0.10 =	*1800*
Wert Tax Shield: (1000 · 5% · 0.4) / 0.10 =	*200*
Wert Gesamtkapital (inklusive Tax Shield)	*2000*
− Fremdkapital	*−1000*
Wert Eigenkapital	**1000**

Anmerkung: Unter anderen Annahmen zum Financial-Leverage-Risiko kann ein spezifischer Eigenkapitalkostensatz für 100% Eigenfinanzierung von 11.25% angewendet und das Tax Shield mittels Diskontierung mit dem FK-Kostensatz bewertet werden. Der Wert des Gesamtkapitals (ohne Tax Shield) beträgt dann 180 / 0.1125 = 1600, und der Wert des Tax Shield 20 / 0.05 = 400. Die – generell seltene – praktische Anwendung des APV ist uneinheitlich.

▲ Abb. 7 Beispiel zur steuerbereinigten DCF-Wertermittlung (Forts.)

Steuerliche Optimierungspotenziale

Das Ausnützen aller sich bietenden Steuereinsparungsmöglichkeiten ist im härter gewordenen globalen Wettbewerb für das einzelne Unternehmen ein Gebot der Stunde. Durch geeignete Massnahmen lässt sich wesentlich Einfluss nehmen auf eine Unternehmenswertsteigerung.

Steueroptimierungspotenziale lassen sich zweckmässigerweise mittels einer generischen Optik sowie anhand der Wertschöpfungskette bzw. entlang der Free-Cash-flow-Entstehung erkennen. Dabei reichen die steuerrelevanten Sachverhalte über verschiedene Stufen, und zwar

- vom Investitions- und Aufbauzeitpunkt (Standortwahl global und national, Rechtsformausgestaltung, Steuererleichterungen usw.) bzw. von der Strukturierung einer Firmenübernahme (Goodwillproblem, Finanzierung und Schuldzinsen usw.),
- über die laufenden Betriebsausgaben (Höhe und Timing der Cash Outflows für die Leistungserbringung, Verwaltung, Vertrieb, Werbung, Forschung und Entwicklung, Verrechnungspreisgestaltung usw.),
- die weiteren Aufwendungen (steuerliche Abzugsfähigkeit von Abschreibungen, Rückstellungsaufwendungen und von anderen Bewertungsgrössen),
- die laufenden betrieblichen Leistungserlöse (Höhe und Timing der Umsatzeinnahmen, Bewertung von Halb- und Fertigfabrikaten bzw. laufender Projekte, Aufträge und Entwicklungen, Verrechnungspreisgestaltung),
- die weiteren Erträge, insbesondere Gewinnsteuerrelevanz von Dividenden, Zins- und Lizenzeinnahmen, bis hin zu
- Desinvestition und Liquidation von Geschäftsbereichen oder der ganzen Gesellschaft mit je nach Abwicklung unterschiedlichen Steuerkonsequenzen.

Marginalien:
Steueroptimierung
Unternehmenswertsteigerung
Wertschöpfungskette
Standortwahl, Rechtsformausgestaltung, «Deal»-Strukturierung
Betriebsausgaben
Weitere Aufwendungen
Betriebliche Leistungserlöse
Weitere Erträge
Desinvestitionen, Liquidation

Steuerliche Optimierungspotenziale

Im Konzernverbund geht es dabei nicht bloss um die Steuern der einzelnen Konzerngesellschaften, sondern vor allem um die Steuerlast des Konzerns als Ganzes. Dies erhöht die Komplexität der Steuerpolitik schlagartig, indem konzernweit für einen steuerlich zweckmässigen Strukturaufbau sowie einen steueroptimalen Prozessablauf gesorgt werden muss.

Konzerngesellschaften

Strukturaufbau, Prozessablauf

Bei Firmenübernahmen stellen die oben angestellten Überlegungen wichtige Aspekte der Wertanalyse und der Due Diligence dar. Die Wertpotenziale aus Synergien und Struktur- und Prozessanpassungen müssen stets auch mit Blick auf die steuerlichen Auswirkungen bzw. Optimierungsmöglichkeiten beurteilt werden.

Due Diligence

Darüber hinaus ist im Rahmen der laufenden Geschäftsführung ganz grundsätzlich auf eine optimale, rollend zu betreibende Steuerplanung zu achten. Wenn man sich vergegenwärtigt, wie hart im heutigen Wettbewerb um Markt- und Umsatzanteile sowie Margenprozente gekämpft werden muss, so ist die Bedeutung steueroptimaler Managemententscheidungen ohne weiteres einleuchtend.

Steuerplanung

Steueroptimale Managemententscheidungen

▶ Abb. 8 zeigt den Zusammenhang zwischen den wichtigsten Finanzzielen und den Anliegen einer wertsteigernden betrieblichen Steuerpolitik im Überblick auf.

Zielkriterien und Zielbereiche	Steuerwirtschaftlicher Stellenwert und steuerpolitische Einflussmöglichkeiten
Gewinn, Rendite	■ Beeinflussung des steuerrelevanten Aufwandes (Unternehmen, Konzern), buchmässig und durch Geschäftsaktivitäten. ■ Steigerung des ROE durch Steuervorteil des Fremdkapitals
Unternehmens- und Anteilswert	■ Steuerbedingte Reduktion des WACC ■ Steueroptimale Dividenden- und Eigenkapitalpolitik
Firmenwachstum	■ Optimale Standortwahl und Nutzung möglicher Steuerabkommen ■ Sinnvolles Steuertiming zur Steuerung des operativen Cash-flow
Liquidität	■ Erhaltung der kurzfristigen Steuerplanungs-Flexibilität ■ Begrenzung latenter Steuerlasten, auch im Hinblick auf die Bonität
Sicherheit	■ Gesetzestreue Steuerpolitik, Konsultation der Steuerbehörden ■ Qualitätssicherung im Rechnungswesen (z. B. Mehrwertsteuer)
Unabhängigkeit	■ Vermeiden der Ausreizung steuerlicher «Grenzbereiche» ■ Weitsichtige Steueroptimierung, nicht kurzsichtige Steuerminimierung
Anpassungsfähigkeit	■ Strategische Steuerpolitik mit Anpassungs- und Reaktionsspielraum ■ Laufende Prozessoptimierung auch aus steuerlicher Sicht
Soziale Ziele und Umwelt	■ Reduktion von Steuern und Abgaben durch umweltgerechtes Verhalten
Reputation, Image	■ Erhaltung einer guten Reputation bei den Steuerbehörden ■ Transparente (auch frühzeitige) Information, massvolle Steueroptimierung
Stakeholderziele, v. a. der Aktionäre	■ Umfassende steueroptimale Finanzpolitik (Beachtung der Steuerwirkungen auf Aktionärsseite) ■ Steueroptimale Gestaltung der Finanzierung (Finanzinstrumente)

▲ Abb. 8 Finanzielle Zielkriterien, Steuerpolitik und Unternehmenswert

«Steuerwirtschaftlicher Denksport»

Ausgangslage

Die in einem Vorort von London beheimatete Construct Incorp. soll an die Growth Group verkauft werden. Im Rahmen der Unternehmenswertermittlung ist unter anderem der Substanzwert zu bestimmen. Dabei stellt sich folgendes Problem:
In der Finanzbuchhaltung sind die vor zwei Jahren völlig erneuerten Produktionsanlagen linear abgeschrieben worden, was als betriebswirtschaftlich sinnvoll und daher für den Bilanzstatus als zutreffend erachtet wird. Deshalb kann von folgenden Werten (in 10 000 GBP) ausgegangen werden:

- Neuwert der Anlagen   1000
- Gesamtlebensdauer   10 Jahre
- Lineare Abschreibung/Jahr   100
- Aktueller Restwert   800

Im Steuerabschluss gelangte eine durch den Fiskus akzeptierte degressive Abschreibung von je 20% zur Anwendung. Der Gewinnsteuersatz der Construct Incorp. beträgt 30%.

Fragestellung

1. Welche Überlegungen sind hier im Interesse einer korrekten Substanzwertermittlung offensichtlich anzustellen?
2. Welche Wertadjustierungen sollten im Bilanzstatus dementsprechend gemacht werden, und welche weiteren bewertungsmässigen Konsequenzen lassen sich erkennen?
3. Inwieweit müsste die Ausgangslage gemäss der in den kontinentaleuropäischen Ländern (z.B. in Deutschland, Österreich und in der Schweiz) überwiegenden fiskalischen Praxis anders aussehen?
4. Wie ist das vom Construct-Management praktizierte steuerplanerische Verhalten zu beurteilen?

1. Die gegenüber dem Bilanzstatus tiefere Anlagenbewertung im Steuerabschluss, d.h. die steuerlich erhöht vorgenommene Abschreibung führt zu einer latenten Steuerlast. Der Käufer der Construct Incorp. wird die Bildung einer entsprechenden Rückstellung verlangen.
2. Substanzwertanalyse und weitere Erwägungen:

Korrekte Lösung und Folgerungen

	Neuwert Anlagen	Kumulierte Abschreibungen	Restwert Anlagen	Abschreibungen Vorjahr und laufendes Jahr
Objektive Substanzwerte (Abschreibungen: linear)	1000	200	800	[100] [100]
Gewinnsteuerwerte (Abschreibungen: progressiv)	1000	360	640	[200] [160]
Bewertungsdifferenzen		160	160	[100] [60]

Es lasten latente Gewinnsteuern auf der Bewertungsdifferenz der Anlagen (160). Zum vollen Steuersatz angerechnet resultiert eine latente Steuerlast von 30% von 160, d.h. von 48. Da in Zukunft gegenüber den Statuswerten steuerwirksam entsprechend weniger abgeschrieben werden kann, ist eine Steuerrückstellung notwendig, die bei 100%iger Anrechnung 48 beträgt.

In der Praxis wird im Hinblick auf eine erst mittelfristig wirksame Reservenauflösung häufig nur etwa die Hälfte der latenten Steuerlast zurückgestellt. Tendenziell ist indessen eine höhere Anrechnung zu bevorzugen.

Die bereinigten Gewinngrössen der vergangenen Jahre sind im Hinblick auf eine zukunftsorientierte Unternehmensbewertung ebenfalls entsprechend zu korrigieren. Bei der Ermittlung der prospektiven Free-Cash-flow-Werte müsste in den für die Steuerermittlung massgeblichen zukünftigen EBIT eine mit den Steuerbilanzwerten korrespondierende Anlagenabschreibung eingerechnet werden. Dies würde allerdings anders aussehen, wenn bei der übernommenen Gesellschaft ein steuerneutraler «Step-up» vom Fiskus zugelassen würde, wie dies zum Beispiel in der US-Praxis der Fall sein kann. Damit würde wieder das volle steuerliche Abschreibungspotenzial hergestellt.

3. Massgeblichkeit der handelsrechtlichen Bilanz: Im angelsächsischen Raum wird der Steuerabschluss konsequent vom finanzbuchhalterischen Jahresabschluss getrennt betrachtet. Damit ist auch eine gegenüber den handelsrechtlichen Bilanzwerten steuerlich erhöhte Abschreibung möglich. In den meisten kontinentaleuropäischen Ländern herrscht demgegenüber das Massgeblichkeitsprinzip vor. Im vorliegenden Fall müsste die höhere degressive Abschreibungstechnik bereits im Rahmen des handelsrechtlich relevanten Abschlusses angewendet werden. Die bei der Substanzwertermittlung entstehende latente Steuerproblematik wäre indessen unverändert existent.
4. Steuerplanerische Aspekte: Im Streben nach einer minimalen laufenden Steuerbelastung hat das bisherige Management der Construct Incorp. den Abschreibungsspielraum für die Steuerplanung voll ausgenützt.

Ob dies einem insgesamt und vor allem mittel- bis längerfristig optimalen steuerplanerischen Verhalten gleichkommt, könnte allenfalls hinterfragt werden. Die Beurteilung hängt von den spezifischen finanz- und steuerpolitischen Gegebenheiten ab, wie sie in Abschnitt «Strategische und operative Steuerplanung», S. 77ff., erörtert werden, unter anderem von folgenden Sachverhalten:

- Frage der optimalen Gesamtsteuerverteilung über die verschiedenen Geschäftsjahre
- liquiditäts-, investitions- und Cash-flow-optimale Steuerdisposition
- Vorteil von Zinseinsparungen versus Gefahr zukünftiger Steuersatzerhöhungen
- mittel- bis längerfristige Gewinnaussichten.

Investitions- und Akquisitionspolitik und Steuern

Investitions- und Akquisitionsentscheide gehören zu den strategischen Weichenstellungen der Unternehmensführung. Aus finanzieller Sicht haben zusätzliche Investitionen eine angemessene Wertsteigerung zu begründen. Dabei spielen die Steuern eine wichtige Rolle, und zwar gleich zweifach.

Mit der Strukturierung grosser Projekte bzw. Firmenübernahmen ist einerseits eine grundsätzliche Einflussnahme auf die Steuersituation verbunden. Andererseits eröffnet die steuerliche Belastung der zukünftigen Free Cash-flows aus den zusätzlichen Investitionen neue operative Gestaltungsmöglichkeiten.

Finanzielle Wertsteigerung

Doppelter Steuereinfluss

Strategische Ebene

Operative Ebene

Projektbewertung und Unternehmenssteuern

Die Beurteilung der finanziellen Attraktivität grösserer Investitionsprojekte sollte – analog zur Unternehmensbewertung – auf der Basis des Discounted-Cash-flow-(DCF-)Ansatzes erfolgen. Dabei werden die prognostizierten, in Zukunft erwarteten Free Cash-flows (Einnahmenüberschüsse) mit einem risikogerechten Kapitalkostensatz auf den Investitionszeitpunkt diskontiert. Die Summe der Free-Cash-flow-Barwerte bildet den Present Value (PV) bzw. – nach Abzug der Investitionsausgaben – den Net Present Value (NPV) eines Projektes.

Alternativ lässt sich mittels Nullsetzung des NPV der kritische Kapitalkostensatz als Internal Rate of Return (IRR) herleiten, der dann mit dem minimal geforderten, risikogerechten Kapitalkostensatz zu vergleichen ist. Im Sinne dieser Idee wird heute auch im Rahmen moderner Wertmanagementkonzepte vorgegangen, etwa innerhalb des Economic-Profit- bzw. Economic-Value-Added-(EVA-)Ansatzes, wo der ROIC (Return on Invested Capital) dem $WACC_s$ gegenübergestellt wird. Die entstehende Differenz kann man mit dem Investitionskapital multiplizieren und erhält so den Economic-Profit bzw. EVA.

In Übereinstimmung mit der DCF-Bewertung ganzer Unternehmen bieten sich verschiedene Ansatzpunkte zur Berücksichtigung der Gewinnsteuern an. Die für Investitionsanalysen gängige und zweckmässigste Methode besteht darin, die Gewinnsteuerausgaben nur grob, auf Basis des Projekt-EBIT (Gewinn vor Zinsen und Steuern) zu ermitteln. Schuldzinsbedingte Steuervorteile werden im Rahmen des steueradjustierten $WACC_s$ berücksichtigt.

Bei Grossprojekten kann, wiederum analog zur Unternehmensbewertung, eine separate Bewertung des Tax Shield in Betracht gezogen werden. Dabei wird ein nicht steueradjustierter WACC bzw. ein risikogerechter Eigen-

Projektbewertung auf DCF-Basis

Free Cash-flow

Risikogerechter Kapitalkostensatz

(Net) Present Value

Internal Rate of Return (IRR)

Economic-Profit- und EVA-Ansatz

Return on Invested Capital (ROIC)

Gewinnsteuern

Projekt-EBIT

Separate Tax-Shield-Bewertung

kapitalkostensatz für eine hypothetische Projektfinanzierung mit 100% Eigenkapital verwendet.

Akquisitionskonzepte und Steuerkonsequenzen

Akquisitionen (Mergers & Acquisitions, M&A) erfordern eine mehrdimensionale Berücksichtigung der Steuern. Zunächst sind diese im Rahmen der Bewertung potenzieller Zielunternehmen (Targets) entsprechend dem in Abschnitt «Stellenwert der Steuern in der Unternehmensbewertung» (S. 51ff.) zur Unternehmensbewertung Gesagten zu beachten.

M&A-Geschehen

Mehrdimensionale Steuerberücksichtigung

Weiter stellt sich die Frage, welche steuerlichen Auswirkungen sich aus dem im Übernahmepreis enthaltenen Goodwill ergeben. Nach dem schweizerischen Wirtschafts- und Steuerrecht ist eine Höherbewertung der Aktiven (Step-up) mit entsprechend entstehendem Abschreibungspotenzial bei der übernommenen Gesellschaft nicht möglich. Der Goodwill wird erst auf konsolidierter Ebene im Rahmen der Konzernbilanz manifest.

Goodwill

Step-up der Aktiven

Nach der international anerkannten Praxis (IFRS, US GAAP usw.) ist Goodwill in der Konzernbilanz zu aktivieren und regelmässig auf seine Werthaltigkeit hin zu überprüfen (Impairment-Test). Im Bedarfsfall ist der Goodwill um den notwendigen Betrag abzuschreiben. Die früher jährlich regelmässig vorgenommenen Goodwill-Abschreibungen entfallen nach aktueller Praxis.

IFRS, US GAAP

Goodwill im Konzernabschluss

Impairment-Test

Steuerlich stellen auf Konzernebene verbuchte Goodwill-Amortisationen keinen verrechenbaren Aufwand dar. Folgerichtig bewirken sie keine fiskalische Minderbelastung. Und eine Abschreibung der Beteiligung in der Bilanz der Muttergesellschaft (oft eine Holding) ist nur in besonderen Fällen möglich.

Abschreibung der Beteiligung

Überlegungen zum Wesen von M&A-Transaktionen	Mergers-&-Acquisitions-(M&A-)Transaktionen erfolgen eher selten als «Mergers» im Sinne wirtschaftsrechtlich «echter» Fusionen, aus denen nur noch eine Rechtseinheit resultiert. Viel häufiger sind Akquisitionen als Firmenübernahmen, d.h. Erwerb der entsprechenden Aktienpakete, zu beobachten, die im Austausch gegen Geld (Firmenkauf) oder gegen Aktien der übernehmenden Gesellschaft (Quasi-Fusion) bzw. gemischt erfolgen. Steuerfolgen echter Fusionen hängen von den konkreten Abwicklungsbedingungen ab. Wichtige Steueraspekte eigentlicher Akquisitionen werden nachfolgend näher beleuchtet.
Steuerfaktoren der übernommenen Gesellschaft	Nach den meisten Steuergesetzen ergeben sich in der übernommenen Gesellschaft als eigenständiges Steuersubjekt keine veränderten steuerrelevanten Tatbestände. Die Transaktion wird ja durch die Vertragsparteien durch Transferierung der Firmenanteile vollzogen. Im angelsächsischen Recht ist es unter bestimmten Umständen möglich, gewisse steuerneutrale Neubewertungen der Aktiven und Passiven (Step-ups) des Akquisitionsobjektes zu vollziehen, was neues operatives Abschreibungspotenzial schafft. Der Konsolidierungs-Goodwill reduziert sich entsprechend.
Bedeutung der Unternehmensbesteuerung auf Konzernebene	In vielen Industrieländern erfolgt die Gewinnbesteuerung national auf konsolidierter Ebene, wobei gewisse Bedingungen erfüllt sein müssen (z.B. Beherrschungsgrad). In Deutschland spricht man vom so genannten Organschaftsprinzip. Verlustverrechnungen sind damit zeitverzugslos möglich. Bei mehr oder weniger stark fremdfinanzierten Übernahmen ergibt sich der Vorteil der damit gewährleisteten Steuerwirksamkeit der zusätzlichen Fremdkapitalzinsen (vgl. dagegen die Ausführungen zum MBO unter schweizerischen Rahmenbedingungen). Der nach allfälligen Step-ups auf Konzernebene entstehende und aufgrund eines Impairment-Tests abzuschreibende Goodwill indessen bewirkt, wie bereits erwähnt, kein Steueraufwandpotenzial.
Fazit	Eine Konzern-Besteuerung sowie die im EU-Raum gegebenen Vorteile (z.B. steuerneutrale Umstrukturierungen, Wegfall von Quellensteuern bei Dividendenzahlungen) sind einem reibungslosen M&A-Geschehen förderlich. Der internationale Wettbewerbsdruck wird weitere Harmonisierungen und Erleichterungen fördern. In der Schweiz hat das 2004 neu eingeführte Fusionsgesetz erhebliche Verbesserungen gebracht.

▲ Abb. 9 Wichtige Sachverhalte im Zusammenhang mit M&A-Transaktionen

Anstelle des Erwerbs des Aktienpaketes einer Gesellschaft kann auch eine (teilweise) Übernahme der Aktiven und Passiven des Zielobjektes erfolgen. Im Gegensatz zum Share Deal spricht man dann von einem Asset Deal. Der über den Substanzwert der Vermögensteile hinaus bezahlte «derivative» Goodwill darf hier auf Einzelbilanzebene handelsrechtlich aktiviert und (zumeist innert fünf Jahren) abgeschrieben werden. Da dies bei der übernehmenden Gesellschaft als Steuersubjekt erfolgt, ist eine solche Goodwill-Amortisation steuerlich absetzbar.

Share Deal versus Asset Deal

Steuerwirksamkeit der Goodwill-Abschreibung

Die steuerlichen Auswirkungen können beträchtlich sein (vgl. dazu auch ◄ Abb. 9). Man stelle sich einen Übernahmebetrag von 100 Mio. CHF vor, der mit 50 Mio. CHF Goodwill belastet ist. Bei einem Gewinnsteuersatz von 30% lassen sich bei fiskalisch zulässiger Goodwillverrechnung (undiskontiert) 15 Mio. CHF, d.h. 15% der gesamten Übernahmesumme einsparen.

Beispiel zu steuerlichen Auswirkungen

Management-Buyout (MBO) und optimales Steuerkonzept

Schwer wiegt der oben skizzierte Sachverhalt im Zusammenhang mit den im modernen Wirtschaftsleben häufigen Management-Buyouts (MBOs). Hier kommen zur geschilderten Goodwill-Problematik noch die MBO-spezifischen Finanzierungsprobleme und ihre steuerlichen Auswirkungen hinzu.

Management-Buyout (MBO)

Finanzierungsprobleme

Dies sei an einem kleinen Beispiel (Verhältnisse Schweiz) aufgezeigt. Das Management der Turbo AG möchte die eigene Gesellschaft übernehmen. Die Turbo AG ist im abgelaufenen Geschäftsjahr durch folgende Zahlen charakterisiert (in Mio. CHF):

Beispiel zur Abwicklung von MBOs

- Verkaufsumsatz 10.0
- Bilanzsumme 8.0
- Eigenkapital 4.0
- EBIT (Gewinn vor Zinsen und Steuern) 1.4
- Fremdkapitalzinsen 0.2
- Steuern 0.3
- Reingewinn 0.9

▶ Abb. 10 illustriert die im Folgenden besprochenen Varianten.

Das Management kann die Turbo AG für 6.0 übernehmen, wobei 5.0 durch einen Bankkredit (Zinssatz 8%; vereinfachende Annahme: Darlehen 5 Jahre fest, dann volle Rückzahlung) abgedeckt werden.

MBO-Fremdfinanzierung

Der bezahlte Goodwill beträgt 2.0, d.h. Übernahmepreis 6.0 minus bilanzielles Eigenkapital 4.0 (vereinfachend als Nettosubstanzwert angenommen). Die jährlich zu bezahlenden Zinsen machen 0.4, d.h. in fünf Jahren 2.0 aus, und die Rückzahlung beträgt 5.0.

Goodwill

Zinsbelastung

Im schlechtesten Fall lassen sich nun weder die Goodwill-Amortisation noch die Fremdkapitalzinsen steuerlich absetzen, und es ist eine Fremdkapitaltilgung aus zweifach versteuerten Gewinnen notwendig. Dies tritt dann ein, wenn die Manager die nötige Kreditfinanzierung auf privater Ebene tätigen. Nur die Absetzbarkeit der Fremdkapitalzinsen bei der persönlichen Einkommenssteuer ist hier positiv zu sehen.

Goodwill-Amortisation

Private Kreditaufnahme

Bei Einschaltung einer neu zu gründenden MBO-Holdinggesellschaft lässt sich die Zweifachbesteuerung der Schuldentilgungen vermeiden, wenn die Holding durch die Bank kreditiert wird. Reine Holdinggesellschaften sind in den kantonalen Steuergesetzen (Schweiz) fast gänzlich steuerbefreit und auf Bundesebene durch den so genannten Beteiligungsabzug steuerlich entlastet. Dies ist bei Fehlen einer Firmenbesteuerung auf Konzernebene sehr wichtig.

MBO-Holding

Kreditaufnahme durch Holding

Holdingprivileg

Ich bestelle (zuzüglich Versandkosten)

___ Ex. Volkart: **Corporate Finance,** Fr. 115.00/Euro 74.80
___ Ex. Volkart: **Strategische Finanzpolitik,** Fr. 28.00/Euro 15.30
___ Ex. Volkart: **Financial Management,** Fr. 28.00/Euro 15.30 (englisch)
___ Ex. Volkart: **Finance d'entreprise,** Fr. 28.00/Euro 15.30 (französisch)
___ Ex. Volkart: **Wertorientierte Steuerpolitik,** Fr. 28.00/Euro 15.30
___ Ex. Volkart: **Unternehmensfinanzierung und Kreditpolitik,** Fr. 39.00/Euro 23.00
___ Ex. Volkart: **Corporate Financing Strategies and Debt Policy,** Fr. 39.00/Euro 23.00 (englisch)
___ Ex. Volkart: **Rechnungswesen und Informationspolitik,** Fr. 34.00/Euro 22.00
___ Ex. Volkart: **Unternehmensbewertung und Akquisitionen,** Fr. 69.00/Euro 44.80
___ Ex. Behr: **Rechnungslegung,** Fr. 78.00/Euro 49.80
___ Ex. Peters/Pfaff: **Controlling,** Fr. 68.00/Euro 44.80
___ Ex. Rüfer: **Finanzielle Führung im Industriekonzern,** Fr. 42.00/Euro 28.00
___ Ex. Schellenberg: **Rechnungswesen,** Fr. 78.00/Euro 49.80
___ Ex. Zimmermann: **Total Börse!,** Fr. 48.00/Euro 29.80

Name/Vorname ....
Firma ....
Strasse/Nr. ....
PLZ/Ort ....
Datum ....
Unterschrift ....
Bestellungen per Fax: 044 262 67 38 · E-Mail: info@versus.ch
Ich möchte über Neuerscheinungen informiert werden.
Meine E-Mail-Adresse: ....

Versus Verlag
Merkurstrasse 45
CH-8032 Zürich

Bitte
frankieren

Finanzwissen aus erster Hand – Versus Verlag

Rudolf Volkart
Corporate Finance
Grundlagen von Finanzierung und Investition

1251 Seiten, geb.
2. Auflage 2006
Fr. 115.00/Euro 74.80

Rudolf Volkart
Unternehmensbewertung und Akquisitionen

240 Seiten, geb.
2. Auflage 2002
Fr. 69.00/Euro 44.80

Wirklich alles, was Sie über Unternehmensfinanzierung und Investitionen wissen müssen!

Der Unternehmenswert als wichtigste Entscheidungsgrundlage: Aktuelle Konzepte und Methoden mit zahlreichen Fallbeispielen

Reihe «Finanzpraxis»

Rudolf Volkart
Strategische Finanzpolitik
(auch auf Englisch und Französisch)
Fr. 28.00/Euro 15.30

Rudolf Volkart
Wertorientierte Steuerpolitik
Fr. 28.00/Euro 15.30

Rudolf Volkart
Unternehmensfinanzierung und Kreditpolitik
(auch auf Englisch)
Fr. 39.00/Euro 23.00

Rudolf Volkart
Rechnungswesen und Informationspolitik
Fr. 34.00/Euro 22.00

Weitere Finanzthemen

Giorgio Behr
Rechnungslegung
Aktuelle Art, State of the Art und Perspektiven
Fr. 78.00/Euro 49.80

Gerd Peters/Dieter Pfaff: **Controlling**
Das Einmaleins renditeorientierter Entscheidungen
Fr. 68.00/Euro 44.80

Aldo Schellenberg
Rechnungswesen
Grundlagen, Zusammenhänge, Interpretationen
Fr. 78.00/Euro 49.80

Hugo Zimmermann
Total Börse!
Machen Sie mehr aus Ihrem Geld
Fr. 48.00/Euro 29.80

Friedrich A. Rufer
Finanzielle Führung im Industriekonzern
Grundlagen, Zusammenhänge und Erfahrungen
144 Seiten, geb., 2005,
Fr. 42.00/Euro 28.00

Was ein erfahrener Finanzchef seinen jungen Kollegen wie auch gestandenen Managern an Instrumenten, Methoden und Erfahrungen mitgeben kann

Mehr als nur Finance …

… ausführliche Informationen zu allen Titeln aus dem Versus Verlag unter

www.versus.ch

VERSUS

Private Fremdkapitalaufnahme durch MBO-Team	
Reingewinn T-AG pro Jahr (= Dividendeneinkommen)	0.90
Private Fremdkapitalzinsen	−0.40
Dividenden abzüglich Fremdkapitalzinsen	0.50
40% Einkommenssteuern	−0.20
Einnahmenüberschuss privat pro Jahr	0.30
Einnahmenüberschuss über fünf Jahre	1.50
Fremdkapitaltilgung Ende fünftes Jahr	−5.00
Fehlbetrag	−3.50
Fehlbetrag vor Steuern = − 3.50 / (1 − 0.4) =	*−5.83*
Gründung einer MBO-Holding (H-AG) mit Kreditierung von H-AG	
Dividendeneinnahmen H-AG pro Jahr	0.90
Fremdkapitalzinsen pro Jahr	−0.40
Einnahmenüberschuss H-AG pro Jahr	0.50
Einnahmenüberschuss über fünf Jahre	2.50
Fremdkapitaltilgung Ende fünftes Jahr	−5.00
Fehlbetrag	*−2.50*
Asset Deal mit Gründung einer neuen Betriebs-AG (B-AG)	
EBITA (Gewinn vor Zinsen und Steuern und Goodwill-Amortisation)	1.40
Fremdkapitalzinsen pro Jahr (0.2 [betriebliches Fremdkapital] + 0.4)	−0.60
Goodwill-Amortisation pro Jahr	−0.40
EBT (Gewinn vor Steuern)	0.40
40% Gewinnsteuern vom EBT	−0.10
Reingewinn nach Steuern pro Jahr	0.30
Goodwill-Amortisation pro Jahr	0.40
Reingewinn vor Goodwill-Amortisation	0.70
Gewinn- bzw. Einnahmenüberschuss über fünf Jahre	3.50
Fremdkapitaltilgung Ende fünftes Jahr	−5.00
Fehlbetrag	*−1.50*

▲ Abb. 10 Abwicklungsvarianten zum MBO (entsprechend dem Beispiel im Text)

Steuerlich optimal wäre folgender Fall. Das MBO-Team gründet eine neue Betriebsgesellschaft und führt einen Asset Deal durch. Die Bank gewährt den notwendigen Kredit an die Betriebsgesellschaft. Der Gesamtsteuervorteil sieht, nur grob und ohne Abzinsungseffekte berechnet, wie folgt aus (Gewinnsteuer 25% vom Gewinn vor Steuern, Einkommenssteuer 40%):

- Steuerwirkung FK-Zinsen (25% von 2.0)   0.50
- Steuerwirkung Goodwill-Amortisation
  (25% von 2.0)   0.50
- Steuereffekt FK-Tilgung[1] (5.0 / [1 − 0.4] − 5.0)   3.33
  Gesamte Steuerwirkung   4.33

Asset Deal

Steuervorteil

Steuerrelevante Positionen und Steuerwirkung

Im Falle der in der Praxis häufigen Transaktionsgestaltung über eine MBO-Holding würde immerhin die Steuereinsparung auf den Fremdkapitaltilgungen anfallen (3.33). Ungünstig ist, dass die Fremdkapitalzinsen aufgrund des Holdingprivilegs «ins Leere» fallen.

MBO-Holding

FK-Tilgung

FK-Zinsen

Angenommen, der Übernahmepreis von 6.0 würde auf der letztbeschriebenen Holdinglösung beruhen, so liesse sich – je nach MBO-Abwicklung – unter diesen vereinfachten Annahmen theoretisch ein extrem breiter Wertbereich von 2.67 (d.h. 6.0 − 3.33) bis 7.0 (d.h. 6.0 + 0.5 + 0.5) ausmachen.

Breiter Wertebereich

Praktisch ist ein Asset Deal in der Schweiz zumeist nur dann möglich, wenn auf Verkäuferseite nicht eine Privatperson steht (Stichwort: steuerfreier Kapitalgewinn). Zu beachten ist auch, das bei konstruktiver Verhandlungssituation letztlich die Summe der auf Käufer- und Verkäuferseite anfallenden Steuervorteile ausschlaggebend sein und «gerecht» verteilt werden sollte.

Durchführbarkeit von Asset Deals

Aufteilung der Steuervorteile

---

1 Da das für die Tilgungszahlungen notwendige Einkommen aus privater Sicht erst nach Steuern zur Verfügung steht, ermitteln sich die vor Steuern notwendigen Mittel durch Multiplikation mit dem Faktor 1 / (1 − s). Im Falle einer Kreditaufnahme durch die Firma entfällt dieser Nachteil.

In den meisten Industrieländern lassen sich MBOs im Vergleich zur Schweiz steuerlich bedeutend attraktiver durchführen (vgl. auch ◄ Abb. 9). So wäre in der EU zum Beispiel eine steuerliche Konsolidierung von MBO-Holding und Betriebsgesellschaft möglich.

MBO in verschiedenen Ländern

«Steuerwirtschaftlicher Denksport»

Nachfolgend sind verschiedene, die Akquisitions- und Investitionspolitik betreffende steuerpolitische Aussagen formuliert. Diese sind einer kritischen Erörterung zu unterziehen, und es sollen die wesentlichen Fehlüberlegungen herausgeschält werden.

Ausgangslage

Eine aufgrund eines überschätzten synergiebedingten Wertpotenzials offensichtlich überzahlte Akquisition hat wenigstens noch den Vorteil, dass entsprechend höhere Goodwill-Abschreibungen steuerlich geltend gemacht werden können, die den laufenden Steueraufwand reduzieren.

Problemstellung Thema 1

Bei Übernahme des Aktienpaketes (Share Deal) entsteht ein grösserer Konsolidierungs-Goodwill, der steuerlich nicht relevant ist. Denkbar wäre eine spätere Abschreibung der Beteiligung in der Bilanz der Muttergesellschaft bei nachweislich nachhaltigem Minderwert.
Im Falle eines Asset Deal (Kauf der betrieblichen Aktiven und Passiven inklusive Goodwill) würde eine Aktivierung und Abschreibung des Goodwill auch steuerlich anerkannt.

Korrekte Lösung

Dank einer steueroptimalen Kapitalstruktur lässt sich der Gesamtunternehmenswert steigern. Dies zeigt das folgende Beispiel:

Problemstellung Thema 2

- «Ewiger» Gewinn vor Zinsen   270 pro Jahr
- steueradjustierter $WACC_s$ (bisher)   9%
  (resultierend aus   FK/EK: 1/1
                                       k_{FK}:   5%
                                       k_{EK}:   15%
                                       s: 40%)
- $WACC_s$ bei neuer Kapitalstruktur (FK/EK: 3/1)
  (3 · 5% [1 − 0.4] + 15%) / 4 =   6%
- Gesamtwert Unternehmen (bisher)
  270 / 0.09 =   3000
- Gesamtwert Unternehmen (alternative Kapitalstruktur)
  270 / 0.06 =   4500
- Wertsteigerung durch Umgestaltung Kapitalstruktur   1500
                                                           (+50%)

Korrekte Lösung

Die auf dem Leverage-Effekt beruhende steuerbedingte Senkung des durchschnittlichen steueradjustierten Kapitalkostensatzes ist im vorliegenden Fall viel zu optimistisch berechnet. Der Eigenkapitalkostensatz darf bei einer Ausweitung des Verschuldungsgrades nicht konstant gehalten werden.
Bei vorsichtiger (pessimistischer) Bewertung des Tax Shield aus dem Fremdkapitaleinsatz müsste der Eigenkapitalkostensatz deutlich angehoben werden, konkret von 15% auf risikogerechte 25% (auf die Herleitung der erhöhten Risikoprämie auf dem Eigenkapital wird nicht explizit eingetreten; vgl. dazu auch die Ausführungen in Abschnitt «Finanzierung, Kapitalkosten und Steuern», S. 37ff.). Damit ergibt sich neu ein $WACC_s$ von (3 · 5% [1 − 0.4] + 1 · 25%) / 4 = 8.5%.
Gesamtwert Unternehmen (bisher): 270 / 0.09 = 3000
Gesamtwert Unternehmen (veränderte Kapitalstruktur und korrigierter Kapitalkostensatz): 270 / 0.085 = 3176.5, d.h. +176.5 bzw. +5.9%.

«Steuerwirtschaftlicher Denksport»

Problemstellung Thema 3

Die Beteiligungs AG in Zürich, die Holding eines Industriekonzerns, übernimmt die Kilowatt AG und finanziert den Übernahmepreis mittels einer neu emittierten 2% 400 Mio. CHF Anleihe (Laufzeit: 5 Jahre; Emissionspreis: 90%). Dies ist steuerlich sehr vorteilhaft, und zwar aus Emittenten- wie aus Anlegersicht. Darüber hinaus erhält die Gesellschaft ausserordentlich «billiges» Fremdkapital.

Korrekte Lösung

Die Beteiligungs AG in Zürich hat als steuerprivilegierte Holding keine Möglichkeit, die zusätzlichen Fremdkapitalzinsen steuerwirksam zu verrechnen. Zur Erhaltung des Steuervorteils (Tax Shield) müsste die Schuld in die operativen, voll besteuerten Gesellschaften verlagert werden (debt push down).
Die Zinslast ist nur in Bezug auf die laufende Liquiditätsbelastung als tief zu bezeichnen, da ja ein entsprechendes Disagio von 10% in Kauf zu nehmen ist. Der effektive Fremdkapitalkostensatz (ohne Emissionskosten) beträgt rund 4.44%: 2% zuzüglich (100% − 90%) / 5, d.h. insgesamt 4%, wobei noch eine Gewichtung auf das reduzierte Emissionskapital vorzunehmen ist, d.h.: 4% / 0.9 ≈ 4.44%. Über eine IRR-Berechnung finanzmathematisch exakt ermittelt resultiert ein Fremdkapitalkostensatz von 4.26%. Diese Fremdkapitalkosten können durch die Gesellschaft auch als steuerlich abzugsfähiger Aufwand verbucht werden (laufende Zinsausgaben sowie Disagio-Abschreibung).
Für den privaten Anleger können sich je nach Steuergesetz einkommenssteuerliche Vorteile ergeben. Bei überwiegend einmalverzinslichen Anleihen (laufende Zinszahlung weniger als die Hälfte der impliziten Kapitalverzinsung), also auch im vorliegenden Fall, wird ein zinsbedingter Kurswertanstieg bei einem Wiederverkauf einkommensbesteuert (Schweiz).
Praktisch wird die Niedrigverzinslichkeit häufig mit der Ausgestaltung als Optionsanleihe kombiniert, die dann wiederum zu 100% ausgegeben wird. Dies ist zum Beispiel die langjährige Praxis in der Schweiz, zum Teil aber auch auf den Euromärkten.

Der Chefbuchhalter der Invest AG hat für eine neue Produktions- **Problemstellung**
anlage folgende Investitionsrechnung vorgenommen (Beträge in **Thema 4**
1000 EUR):

- Investitionssumme   1500
- Nutzungsdauer   5 Jahre
- Restwert nach 5 Jahren   0
- Projekt-Cash-flow/Jahr   600
- WACC   12 %
- $WACC_s$ 10 %
- FK/EK (Unternehmen)   2/1
- k_{FK} 7.5 %
- k_{EK} 21 %
- s   40 %

Projekt-Cash-flow/Jahr nach Steuern = 600 – 240 = 360
PV (12 %) (Cash-flow nach Steuern Jahre 1 bis 5) = 360 · 3.6048
= 1297.7 ≈ 1300
NPV (12 %) Investitionsprojekt = 1300 – 1500 = –200

Ist diese Projektwertanalyse, insbesondere aus steuerlicher Sicht, korrekt?

Der WACC ist mit 12 % zu hoch verrechnet, da der Steuervorteil **Korrekte Lösung**
der Fremdfinanzierung im Projekt-Cash-flow noch nicht berücksichtigt ist (die Gewinnsteuern wurden ja vor Abzug der Fremdkapitalzinsen berechnet).
Mit einem steueradjustierten $WACC_s$ von 10 % ergibt sich allerdings immer noch ein negativer Projekt-NPV (10 %) von 1365 – 1500
= –135.
Die NPV-Berechnung enthält einen weiteren Fehler, indem die
Gewinnsteuern von 40 % vom Cash-flow und nicht vom Projekt-
jahresgewinn berechnet sind (denkbar wäre auch die Anwendung eines modifizierten, Cash-flow-bezogenen Steuersatzes).
Die Abschreibungen von jährlich 300, d.h. 1500 / 5 erzeugen eben-
falls einen Steuervorteil. Damit ergibt sich folgendes Bild:
Projekt-Cash-flow/Jahr nach Steuern: 600 – (0.4 · [600 – 300])
= 480.
PV (10 %) (Cash-flow nach korrigierten Steuern Jahre 1 bis 5)
(Barwertfaktor 5 Jahre/10 %) = 480 · 3.7908 = 1819.6 ≈ 1820;
NPV (10 %) Investitionsprojekt = 1820 – 1500 = 320.
Aufgrund der Analyseannahmen erscheint das Projekt recht at-
traktiv (der IRR beträgt 17.5 %).

Strategische und operative Steuerplanung

Der betrieblichen Steuerplanung kommt die wichtige Aufgabe zu, die Zielsetzungen der finanziellen Unternehmensführung auch aus steuerlicher Sicht bestmöglich zu unterstützen. Bezweckt wird die Erreichung einer für das Unternehmen optimalen Gesamtsteuerpolitik.

Optimale Gesamtsteuerpolitik

Aus der Sicht des Finanzmanagements im engeren Sinne geht es dabei um eine optimale Kapitalbeschaffung, Cashflow-Steuerung, Liquiditätssicherung und Mittelanlage. Im Sinne der finanziellen Gesamtführung des Unternehmens steht die optimale Wertsteigerung inklusive deren zweckmässigste Transformation an die Aktionäre im Zentrum.

Finanzmanagement im engeren Sinne

Finanzielle Gesamtführung

▶ Abb. 11 zeigt die Elemente der betrieblichen Steuerplanung im finanzwirtschaftlichen Gesamtzusammenhang auf.

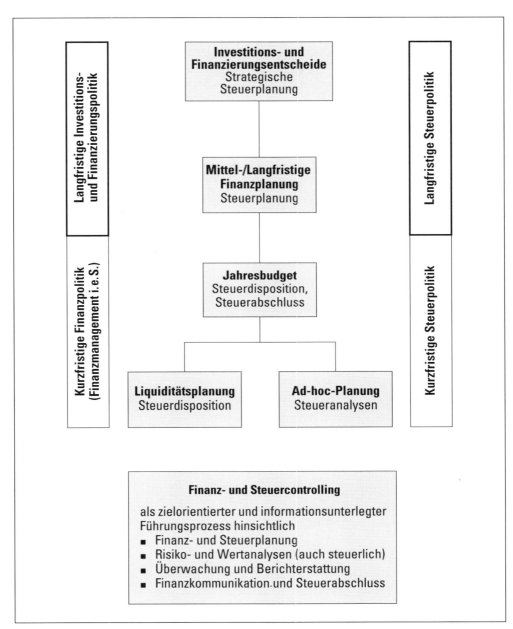

▲ Abb. 11 Steuerplanung im finanzwirtschaftlichen Gesamtzusammenhang

Elemente der strategischen Steuerpolitik

Die strategische Steuerplanung soll eine langfristig optimale steuerpolitische Positionierung herbeiführen. Zu den wichtigsten, fallweise zu beantwortenden Gestaltungsfragen gehören insbesondere die folgenden:
- Standortwahl im weitesten Sinne,
- Wahl und Ausgestaltung der Rechtsform,
- Grob- sowie Feingestaltung der Kapitalstruktur,
- Strukturmerkmale und prozessuale Ablaufbedingungen in Firmengruppen (Konzernen).

Gestaltungsfragen der strategischen Steuerpolitik

Für die Standortwahl stellen die Steuern nur ein – wohl aber ein sehr wesentliches – Zielkriterium dar. Vor allem für nicht standortgebundene Geschäftsaktivitäten (z. B. Holding- und Verwaltungsfunktionen) kann der Faktor Steuern indessen ausschlaggebend sein. Dabei ist stets dynamisch zu planen, indem auch zukünftig mögliche Steueränderungen weitsichtig ins Auge gefasst werden.

Standortwahl

Holding- und Verwaltungsfunktionen

Wahl und Ausgestaltung der Rechtsform betreffen vor allem kleinere Betriebe, wo das Personenunternehmen (Einzelfirma, Personengesellschaft) gegen die Kapitalgesellschaft (Aktiengesellschaft [AG], Gesellschaft mit beschränkter Haftung [GmbH]) abzuwägen ist. Der grosse Vorteil der Kapitalgesellschaft als juristische Person besteht in ihrer Verselbständigung und der damit gegebenen Trennung der Unternehmenssteuern vom privaten Steuerbereich des Unternehmers bzw. der Aktionäre (vgl. das Beispiel in ▶ Abb. 12). AG und GmbH (und auch die vereinzelt noch existierenden gewinnstrebige Genossenschaften) werden in der Regel gleich besteuert. In Deutschland hat die GmbH einen wichtigen Stellenwert. In der Schweiz ist die GmbH nach wichtigen Änderungen im GmbH-Recht ebenfalls zu einer bedeutenden Rechtsform herangewachsen.

Rechtsform

Personenunternehmen

Juristische Personen

Trennung der privaten und der Unternehmenssteuern

Die Kapitalstrukturgestaltung wurde bereits mehrfach angesprochen. Das steuerlich bevorteilte Fremdkapital legt

Fremdkapitalseitige Steuervorteile

Ausgangslage «Personenfirma versus Kapitalgesellschaft»	Ein Einzelunternehmer betreibt ein in einer Informatiknische tätiges, in der Schweiz domiziliertes Software-Unternehmen. Der Gewinn vor Steuern nach EK-Verzinsung der Firma beträgt 100 000 CHF, und zwar nach Eigenlohn des Unternehmers (150 000 CHF) und Eigenkapitalverzinsung (30 000 CHF). Der so genannte subjektive Gewinn, d.h. der Reingewinn vor Eigenlohn und Eigenzins, beträgt damit 280 000 CHF. Bar entnommen hat der Einzelunternehmer neben dem Eigenlohn lediglich einen Betrag von 30 000 CHF. Der Unternehmer erzielt aus privaten Kapitalerträgen ein zusätzliches Einkommen von 20 000 CHF. Die Einkommenssteuerbelastung betrage insgesamt (bezogen auf ein Einkommen von 300 000 CHF) rund 20%. Dazu kommen Sozialversicherungsabgaben von (vereinfachend angenommenen) 10% auf dem gesamten Unternehmereinkommen (verschiedene Details, z.B. Zinsaufwandverrechnung für das Eigenkapital, hier vernachlässigt).
Steuersituation Einzelunternehmen bzw. Unternehmer	Das steuerbare Einkommen setzt sich aus den Einkünften aus selbständiger Erwerbstätigkeit (Eigenlohn 150 000 CHF zuzüglich Eigenzins 30 000 CHF sowie Reingewinn nach EK-Verzinsung 100 000 CHF) und aus den privaten Kapitalerträgen von 20 000 CHF zusammen, was insgesamt einen Betrag von 300 000 CHF ergibt. Die Einkommenssteuer beträgt somit 20% von 300 000 CHF abzüglich Sozialabgaben (300 000 − 28 000 = 272 000) sowie 10% Sozialabgaben vom subjektiven Unternehmereinkommen von 280 000 CHF. Total beträgt die **Fiskalbelastung** (inklusive parafiskalische Abgaben) 54 400 + 28 000 = **82 400 CHF**.
Steuersituation im Falle einer Aktiengesellschaft (inklusive Privatbereich)	Würde das Software-Unternehmen als Aktiengesellschaft (AG) geführt, so ergäbe sich folgendes Bild. Zur Nutzung der sich hier neu bietenden Steueroptimierungs-Möglichkeiten wird ein erhöhtes Gehalt des Unternehmers (Aktionär = Geschäftsleiter) von 180 000 CHF verbucht.

▲ Abb. 12 Rechtsform und Steuern am Beispiel von Einzelfirma und AG

Steuersituation im Falle einer Aktiengesellschaft (inklusive Privatbereich) (Fortsetzung)	Die AG als selbständiges Steuersubjekt hätte bei einer angenommenen Steuerbelastung von effektiv (d.h. insgesamt zu bezahlenden) 25% vom Gewinn vor Steuern eine Steuer von 25% auf 100 000 CHF (Gewinn vor Steuern ohne Abzug eines Eigenkapitalzinses, aber nach erhöhtem Unternehmergehalt) abzüglich 5% Sozialabgaben auf dem Unternehmergehalt (100 000 – 9 000 = 91 000) zu entrichten, d.h. 22 750 CHF. Dazu kämen Sozialabgaben von 10% vom Eigenlohn von 180 000 CHF, d.h. 18 000 CHF (Arbeitgeber- und Arbeitnehmerbeitrag), insgesamt resultieren also 40 750 CHF. (Annahme: Es wird keine Dividende ausbezahlt.) Privat fällt ein Einkommen von insgesamt 191 000 CHF an (resultierend aus: Gehalt 180 000 CHF abzüglich 5% Sozialabgaben [Arbeitnehmerbeitrag] sowie private Kapitalerträge 20 000 CHF), und die Einkommensteuerbelastung betrage jetzt 10%. Die private Einkommensteuer beträgt somit 10% von 191 000 CHF. Damit ergibt sich eine private Steuerbelastung von 19 100 CHF. Die **gesamten Fiskalabgaben** (inklusive parafiskalische Belastung) betragen somit 40 750 CHF auf der AG-Ebene sowie 19 100 CHF auf der privaten Ebene, d.h. total **59 850 CHF**.
Schlussfolgerung	Unter den oben unterstellten Annahmen und zahlreichen groben Vereinfachungen ergibt sich eine **Gesamteinsparung im Falle der AG von 22 550 CHF**. Dem steht eine latente Einkommensteuerlast auf der Gewinneinbehaltung (Bilanzposition Reserven bei der AG) gegenüber, die je nach Bewertung und tatsächlichem Anfall unterschiedlich gewichtet werden kann und welche die sofort wirksamen Steuereinsparungen relativiert.

▲ Abb. 12 Rechtsform und Steuern am Beispiel von Einzelfirma und AG (Forts.)

regelmässig eine angemessene Fremdfinanzierung nahe. Deren Ausweitung wird indessen durch andere wichtige Faktoren begrenzt (Financial Distress, Bankruptcy Costs, Agency-Gefahren usw.). Die Feingestaltung der Finanzierungsseite fällt vorwiegend in den operativen Bereich. Dies ergibt sich vor allem aus den laufenden steuerlichen Veränderungen auf Gesetzes-, Verordnungs- und Praxisebene.

Begrenzende Faktoren

Laufende Steueränderungen

Auf die Konzernfinanzführung wird nachfolgend näher eingegangen (vgl. Abschnitt «Internationale Konzernführung und Steuern», S. 91ff.).

Operative Steuerplanung und Steueroptimierung

Die operative Steuerplanung hat für eine kurz- bis mittelfristig wirksame, laufende Steueroptimierung zu sorgen. Dabei spielen die Möglichkeiten der steuerlichen Jahresabschlussgestaltung eine zentrale Rolle.

Grundsätzlich sind rein buchungsmässige Vorkehrungen von gezielt gesteuerten Realtransaktionen zu unterscheiden. Mit Ersteren werden die bilanziellen Bewertungswahlrechte ausgeschöpft, so beispielsweise mit der Bemessung der betrieblichen Rückstellungen. Letztere betreffen die Durchführung zusätzlicher Geschäftsaktivitäten zur Steuerbeeinflussung, etwa die Vornahme eines zusätzlichen Warenbezugs, der eine erhöhte Bildung steuerlich zulässiger stiller Reserven (hier: Warendrittel; weiter: Überabschreibungen, grosszügige Rückstellungen usw.) erlaubt. Die so entstehenden Steuerverschiebungseffekte sind dann gegen die zusätzlich entstehenden Betriebskosten abzuwägen.

Das Anliegen einer steuerlichen Optimierung sollte nicht auf eine kurzsichtige Jahressteuerminimierung hinauslaufen. Vielmehr ist eine weitsichtige und umfassende Denk- und Handlungsweise anzustreben. Dabei gilt es, verschiedene Anliegen mit unterschiedlichem Zeit- und Planungshorizont unter einen Hut zu bringen:

- definitive Steuereinsparungen durch Bildung zusätzlicher steuerwirksamer Aufwandspositionen (Beispiel dazu in ▶ Abb. 13);
- heutige Steuereinsparungen mit Erhöhung der latenten Steuerlast in der Zukunft (Steuerverschiebungswirkung) (Beispiel ▶ Abb. 13);
- liquiditätsfreundliche Verteilung der Steuerausgaben über die Zeit, insbesondere auch im Hinblick auf Wachstumsphasen und grössere Investitionen (Free-Cash-flow-Stabilisierung);

Marginalien:
Laufende Steueroptimierung

Buchungsmässige Vorkehrungen vs. Realtransaktionen

Steuerlich zulässige stille Reserven

Kurzsichtige Jahressteuerminimierung

Definitive Steuereinsparungen

Steuerverschiebung

Optimales Steuer-Timing

- Erzielung von Zins- und Zinseszins-Einsparungen durch zeitliches Hinausschieben der Steuerverpflichtungen;
- Glättung der Steuerprogression bei nichtlinearer Gewinnbesteuerung (Personenfirmen: progressiv besteuerte Unternehmer bzw. Gesellschafter sind üblicherweise Steuersubjekte; Kapitalgesellschaften: nichtproportionale Gewinnbesteuerung nur noch selten anzutreffen [Beispiel ▶ Abb. 13]);
- Berücksichtigung von Risiken und Chancen potenzieller Steuergesetzes- und Steuerpraxis-Änderungen, vor allem im Sinne zunehmender bzw. abnehmender Steuersätze.

Zinswirkungen

Glättung der Steuerprogression

Änderung der steuerlichen Rahmenbedingungen

In Unternehmen mit grösseren in Aussicht stehenden Veränderungen (z.B. Eigentumswechsel infolge Nachfolgeproblem oder im Extremfall mittelfristig geplante Firmenauflösung) sind die entsprechend angezeigten steuerplanerischen Massnahmen frühzeitig einzuleiten. Die Liquidation einer AG beispielsweise zieht eine Gesamtabrechnung über alle aufgelaufenen stillen Reserven nach sich. Die latenten Steuern werden dann auf einen Schlag wirksam und mit einer vollen Jahressteuer belegt.

Unternehmensveränderungen

Firmenauflösung

Liquidation einer AG
Stille Reserven
Latente Steuern

Dazu kommen in besonderen Fällen weitere steuerliche Auswirkungen. So hat der Aktionär unter der schweizerischen Steuergesetzgebung bei einer AG-Liquidation zumeist sämtliche über das Nominalkapital (heute zumeist inklusive allfälliger Agioeinzahlungen) seiner Beteiligung hinausgehenden Liquidationserlöse (so genannte Liquidationsdividende) voll als Einkommen zu versteuern. «Den Letzten beissen die Hunde», lautet hier die Devise. Sie ist verursacht durch die auf Privatebene steuerfreien Kapitalgewinne.

AG-Liquidation unter Schweizer Steuerrecht

Liquidationsdividende

Zusätzlicher steuerwirksamer Aufwand Steuerliche Konsequenzen:	Der Alleinaktionär und Geschäftsleiter einer mittelständischen Gesellschaft erachtet es als angemessen, eine zunächst privat bezahlte und eingestufte Rechnung von 100 zulasten des Unternehmens zu verbuchen. Reduktion des steuerbaren Reingewinns der AG. Bei einem Gewinn(grenz)steuersatz von 25% resultiert eine Gewinnsteuerreduktion von 25. Im Vergleich zu einer privaten Übernahme der Spesenrechnung entfallen überdies die bei einer Ausschüttung von 100 entstehenden Einkommenssteuern bzw. entsprechende latente Steuern. Bei einem privaten Einkommens(grenz)steuersatz von 40% reduziert sich die Einkommenssteuer um 40. Diese «Uminterpretation» führt somit zu einer Gesamtsteuereinsparung von 65, d.h. auch 65% der Aufwandsumme.

Heutige Steuereinsparung zulasten höherer späterer Steuern
Zweckmässigere Verteilung der Steuerausgaben über die Zeit
	Beispiel 1:
	Eine heute zusätzlich gebildete Rückstellung von 2000 führe in drei Jahren zu einem Minderaufwand von 2000 (Auflösung der Rückstellung). Der Gewinnsteuersatz sei 30%.
	▪ Barwert heutige Steuereinsparung: 30% von 2000 = 600
	▪ Barwert Mehrsteuern in drei Jahren (angenommener Abzinsungssatz von 5%): $600 / 1.05^3 = 518$
	▪ Wertsteigerung des Unternehmens (bewertet auf heute): 82
	
	Beispiel 2:
	Eine Maschine im Neuwert von 100 könne steuerlich linear (degressiv) mit 20% (40%) pro Jahr abgeschrieben werden. Der Liquidationserlös nach fünf Jahren betrage 15.
	Wie gross fällt die Steuerdifferenz zwischen den beiden Abschreibungsvarianten insgesamt diskontiert (6%) aus (Gewinnsteuersatz 30%)?
	▪ Lineare Abschreibungen: 20 20 20 20 20
	   d.h. insgesamt 100. Ertrag in Jahr 5: 15
	▪ Degressive Abschreibung: 40 24 14 9 5
	   d.h. total 92. Nettoertrag in Jahr 5: 7 (15 – 8)
	▪ Steuerwirkung (lineare Abschreibung): –6 –6 –6 –6 –6
	   sowie +4.5 (Total: –25.5)
	▪ Steuerwirkung (degressive Variante): –12 –7 –4 –3 –1.5
	   sowie +2.0 (Total: –25.5)
	▪ Barwert Steuerwirkung (6%) (lineare Abschreibung): –21.9
	▪ Barwert Steuerwirkung (6%) (degressive Variante): –22.9
	   d.h. Wertsteigerung um 1.0.

▲ Abb. 13 Verschiedene Beispiele zur operativen Steuerplanung

Operative Steuerplanung und Steueroptimierung 85

| **Glättung der Steuerprogression bei nichtlinearer Gewinnbesteuerung** *(Beispiel zur Veranschaulichung der Auswirkungen einer nichtproportionalen Gewinnbesteuerung; heute eher selten)* | Das Eigenkapital der Fiskal AG betrage konstant 500. Die Reingewinne der Jahre 1 bis 5 sehen wie folgt aus: 50, 100, 25, 125, 75. Der Gewinnsteuersatz entspreche der halben Eigenkapitalrendite, multipliziert mit 1.5.
Dank geschickter Steuerplanung gelinge es, jährlich einen gleichbleibenden Reingewinn von 75 auszuweisen. Wieviel beträgt der barwertig (4%) berechnete Gesamtsteuereffekt (Gewinnsteuersatz hier konstant 22.5%)?
▪ Gewinnsteuersätze
  Ausgangslage Jahre 1 bis 5:   15%   30%   7.5% 37.5% 22.5%
▪ Gewinnsteuerbeträge
  Jahre 1 bis 5:   7.5   30.0   1.9   46.8   16.9
  (Total: 103.1)
▪ Gewinnsteuerbeträge (optimiert) Jahre 1 bis 5:
  je 22.5% von 75 = 16.9 (Total: 84.5)
▪ Gesamtsteuerbetrag ohne Gewinnglättung:
  103.1, Barwert (4%): 90.6
▪ Gesamtsteuerbetrag mit Gewinnnivellierung:
  84.5, Barwert (4%): 75.1
(Diese Resultate gelten ohne Berücksichtigung eines Maximalsteuersatzes. Unter dessen Berücksichtigung könnte auch die Erhöhung eines sehr guten und die Reduktion eines mittleren Ergebnisses angezeigt sein [Verlauf der Steuergrenzprogression].) |

▲ Abb. 13 Verschiedene Beispiele zur operativen Steuerplanung (Forts.)

Zur internationalen Steuerplanung

Bei internationaler Geschäftsaktivität kompliziert sich die Steuerplanung erheblich, was typischerweise den internationalen bzw. multinationalen Konzern betrifft. Die Vielfältigkeit der Steuerfragen auf der Ebene der international verteilten Konzerngesellschaften wird überlagert durch eine auf Konzernebene zu erreichende Gesamtsteueroptimierung.

Internationale und multinationale Konzerne

Eine der für die Qualität der Konzernsteuerpolitik aussagekräftigsten Grössen ist die prozentuale Belastung des konsolidierten Konzerngewinnes vor Steuern mit dem konzernweit angefallenen Steueraufwand. Abgesehen von kurzfristigen Ausschlägen sollte hier ein vernünftiger Wert erreicht werden, der nicht über 20 bis 35% liegen dürfte.

Prozentuale Konzernsteuerbelastung

Stark darüber liegende Belastungswerte signalisieren einen dringenden Handlungsbedarf zur strukturellen Steueroptimierung eines Konzerns.

Handlungsbedarf zur Steueroptimierung

«Steuerwirtschaftlicher Denksport»

Ausgangslage

Ein Unternehmer will sich von seinem Geschäft (AG) zurückziehen. Das Gesamtvermögen beträgt 2000 (alle Werte in 1000 WE [Währungseinheiten]), finanziert durch Fremdkapital im Umfang von 1000 und Eigenkapital von ebenfalls 1000 (100 Aktienkapital, 900 einbehaltene Gewinne).
Die Gesellschaft könnte für 1500 veräussert oder für 1500 liquidiert werden. Der Alleinaktionär hat das Unternehmen vor Jahren erworben und für das Aktienpaket damals 600 bezahlt.

Fragestellung

Wie sieht die Situation aus steuerlicher Sicht aus, wobei auch für den Fall eines Einzelunternehmens Überlegungen angestellt werden sollen? Welche steuerplanerischen Massnahmen könnten bei einer einmal ins Auge gefassten, mittelfristig zu realisierenden Firmenaufgabe rechtzeitig eingeleitet werden?

Korrekte Lösung

- Veräusserung des Aktienpaketes für 1500
    - Ebene der Aktiengesellschaft: Keine steuerlichen Auswirkungen
    - Aktionärsseite: Der bisherige Firmeneigner erzielt einen Kapitalgewinn von 1500 – 600 = 900. Die Kapitalgewinnbesteuerung erfolgt national verschieden, wobei oft ein besonderer, tieferer Steuersatz zur Anwendung gelangt. Gelegentlich spielt auch die Art der Beteiligung (prozentualer Anteil, Haltedauer usw.) eine Rolle.
    In der Schweiz (als Sonderfall) werden private Kapitalgewinne im Grundsatz nicht als Einkommen besteuert. Dabei ist jedoch in verschiedener Hinsicht Vorsicht walten zu lassen. Wenn der Aktionär, wie im vorliegenden Fall, die Aktien als natürliche Person an eine juristische, buchführungspflichtige Person, zum Beispiel an einen Konzern, verkauft, so besteht die Gefahr des Wirksamwerdens der so genannten indirekten Teilliquidation. Dies ist vereinfacht gesagt dann der Fall, wenn der Kaufpreis in wesentlichem Ausmass aus dem Vermögen der veräusserten Gesellschaft finanziert wird.
    Die Verkäuferseite (!) wird dann für den entsprechenden Betrag, verringert um den Nominalwert (bzw. das einbezahlte Kapital) der dahinterstehenden Aktien, nachbesteuert. In

Firmenverkaufsverträgen werden deshalb regelmässig besondere Klauseln aufgenommen, welche die Käuferseite für diesbezügliche Steuernachteile des Verkäufers leistungspflichtig machen.

- Liquidation der Gesellschaft (Erlös: 1500)
    - Ebene der Aktiengesellschaft: Der Gewinnsteuerwert der Nettoaktiven der Gesellschaft beträgt 1000. Die Differenz zwischen Liquidationserlös (1500) und Steuerbuchwert (1000) stellt eine Realisierung stiller Reserven dar, die voll gewinnbesteuert wird. Bei einer Gewinnsteuerbelastung von 20 % ergäbe sich eine Steuerverpflichtung von $0.20 \cdot 500 = 100$.
    - Aktionärsseite: Die an den Firmeneigner ausschüttbare Liquidationsdividende von 1400 (d.h. 1500 abzüglich Gesellschaftssteuern von 100) begründet auf Aktionärsseite steuerbaren Vermögensertrag, in verschiedenen Ländern als Differenz zum Anschaffungspreis der Aktien, hier also auf $1400 - 600 = 800$. Bei einem Einkommenssteuersatz von 35 % ergäbe dies eine Steuerverpflichtung von $0.35 \cdot 800 = 280$.
    Im Sonderfall der Schweiz (Einkommenssteuerfreiheit privater Kapitalgewinne) gelangt im Falle der Auflösung der Gesellschaft die volle Differenz zwischen Liquidationserlös und Nominalwert (in der Regel zuzüglich eines allenfalls einbezahlten Agios), d.h. $1400 - 100 = 1300$ zur Besteuerung, was einen Betrag von $0.35 \cdot 1300 = 455$ ergibt.

- Fall der Einzelfirma
Das Einzelunternehmen ist keine juristische Person und bildet kein eigenständiges Steuersubjekt. Letzteres wird durch die natürliche Person des Unternehmers gebildet.
Sowohl Verkauf als auch Liquidation der Einzelfirma führen zu einer steuerlichen Gesamtabrechnung über die stillen Reserven und der mit der Transaktion auf Verkäuferseite erzielten Mehrwerte. Dabei ergibt sich lediglich eine «einstufige» Besteuerung, da die Ebene der rechtlich verselbständigten Gesellschaft wegfällt.
Zu versteuern wären im vorliegenden Fall $1500 - 1000 = 500$, was eine Steuerverpflichtung von $35\% \cdot 500 = 175$ begründet.

«Steuerwirtschaftlicher Denksport»

Anliegen einer weitsichtigen Steuerplanung:
Je nach der geplanten Abwicklung der Geschäftsaufgabe sollte rechtzeitig mit der Auflösung stiller Reserven begonnen bzw. auf eine Vollausnützung der steuerlichen Bewertungsspielräume verzichtet werden. Dabei muss auf allfällige Steuerprogressionseffekte geachtet werden. Zu überprüfen wäre auch eine rechtzeitige Umwandlung der Einzelfirma in eine Aktiengesellschaft, wobei die steuerlichen Sperrfristen zu beachten sind (z.B. fünf Jahre).

Im Falle der Aktiengesellschaft könnte eine gezielt gestaffelte, rechtzeitige Ausschüttung zusätzlicher Beträge vorgenommen werden.

Die steuerlichen Auswirkungen solcher Transaktionen sind je nach Rechtsform, Steuerbuchwerten, Verkaufs- bzw. Liquidationserlös, Verhandlungsparteien und Verhalten der Vertragspartner recht verschieden. Eine optimale Steuerlösung kann nur bei frühzeitiger Einleitung einer weitsichtigen Steuerdisposition erreicht werden.

Folgerungen

Internationale Konzernführung und Steuern

Für ganze Konzerne als unter einheitlicher wirtschaftlicher Leitung zusammengefasste, aus rechtlich selbständigen Gesellschaften bestehende Firmengruppen stellen sich steuerlich zahlreiche besondere Probleme von erhöhter Komplexität. Dabei weitet sich die Vieldimensionalität der Fragen mit zunehmender Internationalität bzw. Multinationalität aus.

Konzerngebilde

Steuerprobleme erhöhter Komplexität

Besonderheiten der Besteuerung von Konzernen

Konzerne werden national steuerrechtlich entweder zusammen als Ganzes erfasst, sozusagen als höhere Stufe eines geschlossenen Unternehmens, oder aber der Fiskus nimmt keine Rücksicht auf die gruppenmässige Zusammengehörigkeit der einzelnen Konzerngesellschaften. Die erstgenannte Lösung wird heute in vielen Industrieländern mit mehr oder weniger fortschrittlicher Steuergesetzgebung praktiziert (z. B. Deutschland, Grossbritannien, USA). Eine Minderzahl von Ländern, darunter auch die Schweiz, hält immer

Konzernbesteuerung

Besteuerung der einzelnen Konzernfirmen

noch an der zweitgenannten Variante festhält. Weiter vorne wurde bereits auf diesen Sachverhalt eingegangen (◄ Abb. 9, S. 66).

Darüber hinaus bildet – analog zur intrastaatlichen Problematik – die Aufteilung des Steuersubstrats auf die einzelnen Konzernfirmen einen wichtigen Aspekt. Jeder tangierte Staat hat ein vitales Interesse daran, dass die Gesamtsteuerlast des Konzerns fair auf die verschiedenen Steuerhoheiten verteilt wird. Da im Rahmen der Konzernsteuerpolitik ein Anreiz besteht, Gewinnelemente in Niedrigsteuerländer zu transferieren, richten die Steuerbehörden ein besonderes Augenmerk auf die so genannte Transferpreisproblematik. Dabei wird die Plausibilität konzerninterner Verrechnungen kostenmässig, häufiger jedoch marktmässig abgestützt. «Dealing at arm's length» spielt dabei, neben der kostenseitig möglichen Orientierung, als Prinzip eine zentrale Rolle, und zwar im Sinne von auch gegenüber Dritten angewandten Konditionen.

In der internationalen Steuerausscheidung sind zwei verschiedene Ansätze anzutreffen, die Anrechnungs- und die Befreiungsmethode. Erstere wird von vielen Industrieländern angewendet und ist dann aktuell, wenn eine Steuerhoheit den steuerrelevanten Gewinn auch auf Auslandsgewinne ausdehnt. Die zum Beispiel von der Schweiz angewandte zweite Methode überlässt einen Teil des Steuersubstrats, so im Ausland erzielte Gewinne, konsequent den entsprechenden Ländern.

Bei wirtschaftlicher Präsenz in verschiedenen Staaten über Betriebsstätten bzw. Zweigniederlassungen stellt sich – wiederum analog zur intrastaatlichen Mehrländer- bzw. Mehrkantone-Präsenz – unter anderem die Frage des Progressionsvorbehalts. Danach wird für die Steuersatzfixierung überall dort, wo nicht ein einfacher Proportionalsatz zur Anwendung gelangt, zur Berücksichtigung der fiskalischen Progressionswirkung auf den Gesamtgewinn bzw. das Gesamteinkommen abgestellt.

Seitenmarginalien: Internationale Aufteilung des Steuersubstrats; Niedrigsteuerländer; Transferpreise; Kosten- und marktseitige Orientierung; «Dealing at arm's length»; Anrechnungs- und Befreiungsmethode; Mehrstaatenpräsenz; Progressionsvorbehalt

Konzernstruktur und Steuern

Längerfristig betrachtet bildet die Konzernstrukturierung einen wichtigen strategischen Steuergestaltungsraum.

Die in immer mehr Ländern übliche nationale Konzerngewinnbesteuerung legt häufig die Zusammenfassung nationaler Gesellschaften in so genannten Länderholdings (z. B. in den USA und in Deutschland) nahe. Dergestalt sind nationale Gewinn- und Verlustverrechnungen, aber auch andere steuerfreundliche Aufrechnungen möglich (vgl. Beispiel in ▶ Abb. 14).

Oft stellt sich auch aus steuerlicher Sicht die Frage der rechtlichen Form der Repräsentanz in einem Gastland, zum Beispiel in Form von Agenten, Vertretungen, Filialen oder rechtlich selbständigen Tochtergesellschaften.

Die Speisung von Gliedgesellschaften mit Fremdkapital wird vielerorts von besonderen Finanzierungsgesellschaften aus vollzogen. Solche, oft in Steueroasen liegende «Vehikel» erlauben einen steueroptimalen Durchlauf der Konzernfinanzströme, eben zum Beispiel im Zusammenhang mit konzerninternen Darlehensgewährungen.

Die steuerlichen Rahmenbedingungen unterliegen manchmal starken Veränderungen. Steuerlich motivierte Konzernstrukturierungs-Massnahmen haben daher weitsichtig und nach Möglichkeit «szenarienhaft» zu erfolgen. Abzuraten ist von einer immer wieder zu beobachtenden Überbewertung steuerlicher Gestaltungskriterien. Letztlich soll eine sachwirtschaftlich optimal erscheinende Gruppenstruktur geschaffen werden.

Einen wichtigen Gesichtspunkt stellt auch die möglichst steuerfreie Realisierung von Beteiligungsgewinnen durch Holdinggesellschaften dar. Sie bildet einen entscheidenden Faktor im Rahmen des internationalen Standortwettbewerbs. Ähnliches gilt für die ebenfalls zumeist «mobilen» Verwaltungs- und Hilfsgesellschaften international tätiger Konzerne.

Marginalien:

Konzernstrukturierung

Länderholdings

Nationale Gewinn- und Verlustverrechnungen

Form der Repräsentanz

Interne Fremdkapitalspeisung

Steueroasen

Steuerliche Veränderungen

Überbewertung steuerlicher Gestaltungskriterien

Beteiligungsgewinne bei Holdings

Verwaltungs- und Hilfsgesellschaften

Ausgangslage «Konzernsteuern und Länderholdings»	Die schweizerische Quarz-Gruppe hat operative Konzerngesellschaften in der Schweiz, in Deutschland und in den USA. Diese Unternehmen sind in einer Finanzholdinggesellschaft zusammengefasst, die das Holdingprivileg geniesst. Steuerbare Reingewinne (-verluste) der Gesellschaften im Jahr x: Schweiz: Unternehmen A 150 Unternehmen B 250 Deutschland: Unternehmen C 230 Unternehmen D −80 USA: Unternehmen E −160 Unternehmen F 360 Die Gewinnsteuerbelastung betrage in der Schweiz 30%, in Deutschland 40% und in den USA 35%. Betrachtet werden soll die Konzernsteuerbelastung im Jahre x sowie die Situation, die sich mit bzw. ohne Existenz von Länderholdings in Deutschland und in den USA ergeben würde.
Steuerbelastung (Jahr x) mit Länderholdings	Reingewinn Steuersatz Gewinnsteuern Schweiz 400 30% 120 Deutschland 150 40% 60 USA 200 35% 70 Konzern 750 **ø Steuersatz 33%** 250
Steuerbelastung (Jahr x) ohne Länderholdings	Steuern auf Reingewinn Gewinnsteuern Schweiz 30% von 400 120 Deutschland 40% von 230 92 USA 35% von 360 126 Konzern **ø Steuersatz [338 / 750] 45%** 338 Dabei aber: Verlustvorträge von 80 (Deutschland) und 160 (USA), die vorgetragen (carry forward) oder – je nach Steuergesetz – rückgetragen (carry back) werden können.
Schlussfolgerung	Die laufende Gesamtsteuerlast eines Konzernes mit teilweise Verlust erzielenden Gruppengesellschaften lässt sich durch gezielte Einschaltung von Länderholdings entscheidend reduzieren. Die Vor- bzw. Rücktragsmöglichkeiten von Verlusten kommen nicht immer optimal zum Tragen (längerfristig andauernde Verlustphasen, neu gegründete Gesellschaften usw.) und «kompensieren» die Mehrsteuerlast nur unvollständig.

▲ Abb. 14 Gesamtsteuerbelastung von Konzernen und Länderholdings

Konzerninterne Abläufe und Steuern

Prozessual ist darauf zu achten, dass konzerninterne Zahlungsströme wie Dividenden, Fremdkapitalzinsen, Lizenzgebühren und Management Fees, aber auch etwa die Umsatzeinnahmen von der Kundenseite zum eigentlichen Leistungserbringer hin, möglichst steuerfreundlich fliessen können.

In der EU sind dank der Mutter-Tochter-Richtlinie Dividendentransfers steuerneutral möglich. In anderen Fällen, zum Beispiel zwischen der Schweiz und anderen europäischen und aussereuropäischen Ländern, kann nur bei Bestehen entsprechender bilateraler Doppelbesteuerungsabkommen (DBAs; Tax Treaties) eine – leider zumeist nicht hundertprozentige – Rückforderung der Quellensteuern verlangt werden. In den nationalen Gesetzgebungen existieren, unter anderem zur Verhinderung von Steuerhinterziehung, so genannte Quellensteuern (Withholding Tax) auf Kapitalerträgen (oft um 25%, in der Schweiz: 35%), die vom zahlenden Unternehmen direkt an die Steuerbehörde abzuliefern sind. Trotz Rückforderungsmöglichkeit bleibt oft eine Restbelastung von ca. 5 bis 10% übrig. Dies kann etwa auch eine «dreiecksmässige» Dividendenrückführung an Muttergesellschaften nahelegen, um bestehende DBAs im Sinne des «Treaty Shopping» konsequent (und international) auszunützen (vgl. das Beispiel in ▶ Abb. 15). Dies setzt allerdings entsprechende Organisationsstrukturen voraus.

Je nach der nationalen und teilstaatlichen (Länder, Kantone usw.) steuerlichen Behandlung von Holdinggesellschaften (z.B. generelles Holdingprivileg; nur teilweise Steuerentlastung durch einen so genannten Beteiligungsabzug) können Zinszahlungen auf konzerninternem Fremdkapital nicht in gleichem Masse steuerneutral wie Dividendenzahlungen ausgeführt werden (vgl. das Beispiel in ▶ Abb. 15). Häufig werden deshalb in Steueroasen domi-

Konzerninterne Zahlungsströme

Tochter-Mutter-Richtlinie der EU

Doppelbesteuerungsabkommen

Rückforderung der Quellensteuern

Restbelastung

«Dreiecksmässige» Dividendenrückführung

«Treaty Shopping»

Besteuerung von Holdinggesellschaften

Konzerninterne Zinsen

Steueroasen

Quellen-steuer-problem	Die ihren Hauptsitz im H-Land besitzende Madrigal Gruppe betreibt neben dem H-Land in den EU-Ländern E und F Gesellschaften. Es gelten folgende Quellensteuern auf Dividenden usw. (je Land): H-Land: 35%; E-Land: 20%; F-Land: 25%. Entsprechend den zwei hier massgeblichen bilateralen Doppelbesteuerungsabkommen (DBAs) gelten im zwischenstaatlichen Verhältnis folgende Werte für die trotz DBA verbleibende Sockelbelastung: ■ Länderverhältnis [E – H]: 5% ■ Länderverhältnis [F – H]: 0% ■ EU-Länderverhältnis [E – F]: 0% Dividendenausschüttungen der Tochtergesellschaft im E-Land bleiben also mit einer Reststeuer von 5% belegt. Würden nun die Beteiligungsstrukturen anders aussehen und wäre die Beteiligung an der E-Land-Tochter bei einer im F-Land ansässigen Konzerngesellschaft bilanziert, so liesse sich die Dividende der E-Gesellschaft «dreiecksmässig» über das F-Land steuerneutral ins H-Land rückführen.
Konzern-interne Finanzierung mit Eigen- und Fremd-kapital	Die im H-Land ansässige Holdinggesellschaft der Madrigal Gruppe hat eine im F-Land beheimatete, operativ tätige Konzerngesellschaft im Umfang von 100 Mio. WE (Währungseinheiten) mit Aktienkapital ausgestattet. Die F-Land-Tochter schütte pro Jahr 5 Mio. WE an die H-Land-Muttergesellschaft aus. Die Steuerfolgen sehen wie folgt aus: Die auszuschüttenden 5 Mio. WE stammen aus versteuertem Reingewinn der F-Tochter. Die H-Land-Holding kann die Dividendeneinnahme steuerfrei vereinnahmen. Alternativ habe die H-Land-Holding der Madrigal Gruppe die Konzerngesellschaft im F-Land – wie in der Praxis häufig üblich – mit je 50 Mio. WE Eigenkapital und konzerninternem Fremdkapital (Konzerndarlehen) ausgestattet. Die F-Land-Tochter schütte pro Jahr 2.5 Mio. WE Dividenden an die H-Land-Muttergesellschaft aus und zahle ihr 5% Darlehenszinsen, d.h. ebenfalls 2.5 Mio. WE.

▲ Abb. 15 Beispiele zur Steuerpolitik im internationalen Konzern

Konzerninterne Finanzierung mit Eigen- und Fremdkapital (Fortsetzung)	Die Steuerfolgen sehen wie folgt aus: Nur die auszuschüttenden 2.5 Mio. WE stammen aus versteuertem Reingewinn der F-Tochter. Die Zinsen des Konzerndarlehens stellen für die F-Tochter steuerlich zulässigen Aufwand dar, welcher zu einer entsprechenden Gewinnsteuerreduktion führt. Die H-Land-Holding kann die Dividendeneinnahme von 2.5 Mio. WE steuerfrei entgegennehmen. Das gleiche gilt – eine vollständige Holdingprivilegierung vorausgesetzt – auch für die Zinseinnahmen von 2.5 Mio. WE. Bei nur teilweiser Holdingprivilegierung würde auf den Zinseinnahmen eine gewisse Gewinnsteuerbelastung entstehen (Schweiz: Ebene der direkten Bundessteuern).

▲ Abb. 15 Beispiele zur Steuerpolitik im internationalen Konzern (Forts.)

zilierte Finanzierungsgesellschaften eingesetzt, an welche die internen Zinstransfers zu erfolgen haben.

Auch umsatzbedingte Zahlungsströme können steueroptimierende Ablaufmassnahmen nahelegen. So lassen sich durch die Einschaltung von Fakturagesellschaften (Rebilling oder Reinvoicing Centers) als steuerlich zumeist privilegierte Hilfsgesellschaften unter Umständen gesamtsteuersenkende Gewinnverschiebungen erreichen.

Analog zu und verknüpft mit den strukturellen Konzernmerkmalen sind auch die konzerninternen Abläufe weitsichtig im Wirken auf eine steuerliche Gesamtoptimierung hin auszugestalten. Zukünftige Änderungen auf Gesetzes-, Verordnungs- und Rechtsprechungsebene können nur durch szenarienhaftes Vorwärtsdenken sinnvoll in die heutigen Gestaltungskonzepte einbezogen werden.

Umsatzbedingte Zahlungsströme

Gewinnverschiebung

Weitsichtige steuerliche Gesamtoptimierung

Szenarienhaftes Vorwärtsdenken

«Steuerwirtschaftlicher Denksport»

Zwei multinational ausgerichtete Konzerne sind durch gegensätzliche finanzielle Führungsphilosophien gekennzeichnet. Die D-Gruppe praktiziert eine dezentral ausgelegte finanzielle Konzernführung. Auch mittelfristige Fremdfinanzierungen können hier ziemlich autonom durch die Gliedgesellschaften durchgeführt werden.

Demgegenüber wendet der Z-Konzern ein weitestgehend zentralisiertes Finanzführungssystem an. Die Kapitalspeisung der Gruppengesellschaften wird zentral über die Konzernspitzen- bzw. Managementgesellschaft gesteuert, und die Finanzstrukturen der einzelnen Konzernfirmen werden dementsprechend stark zentral geprägt.

Ausgangslage

Für die beiden Konzerne sollen folgende Überlegungen angestellt werden:

1. Welches sind mögliche Vor- und Nachteile der beiden unterschiedlichen Finanzführungssysteme, insbesondere aus steuerlicher Sicht? Welche Konsequenzen können sich daraus für die Konzernsteuerbelange ergeben?
2. Inwieweit sind die finanziellen Gesamtzielgrössen zur Führung der Tochtergesellschaften bei den beiden Konzernen unterschiedlich zu wählen?
3. Welche finanzorganisatorischen Massnahmen könnten zu einer gewissen Kompromissfindung zwischen den beiden Systemausprägungen beitragen?

Fragestellung

1. Vor- und Nachteile der Finanzführungssysteme, generell und steuerpolitisch
   - Mögliche Vorteile des Z-Systems:
     - straffe, gesamtoptimale Finanzstrukturplanung;
     - Erleichterung konzernoptimaler Entscheidungen;
     - Förderung einer Gesamtsteueroptimierung;
     - steueroptimaler Konzernstrukturaufbau;
     - Gewährleistung einer Konzernsteuerpolitik.
   - Mögliche Nachteile des Z-Systems:
     - fehlende Gesamtverantwortung in den Tochtergesellschaften;

Korrekte Lösung und Folgerungen

- Gefahr einer suboptimalen Ausnützung nationaler und lokaler Chancen, vor allem auch steuerlicher Art;
- je nach investitionspolitischer Kompetenzverteilung verwässerte Investment-Center-Idee und erschwerter nationaler Steuer-Know-how-Transfer.
- Mögliche Vorteile des D-Systems:
  - situativ optimale Finanzführung der Konzerngesellschaften;
  - Ausrichtung auf nationale sowie lokale Besonderheiten und Erfordernisse;
  - Bilanzverantwortung des Managements der Gruppengesellschaften;
  - Investment-Center-Ausprägung;
  - wirksame nationale Steueroptimierung.
- Mögliche Nachteile des D-Systems:
  - unzureichende Gesamtzielorientierung bei der Gestaltung der Konzernfinanzstruktur;
  - für Gesamtkonzern suboptimale Einzelentscheide;
  - mangelnde globale Steueroptimierung;
  - fehlende Gesamtkoordination durch die «zusammenfassende Klammer Finanzen»;
  - suboptimale Konzernsteuerpolitik;
  - erschwerte steuerliche Gesamtkoordination auf Firmen-, Länder- und Gruppenebene;
  - Notwendigkeit besonderer Koordinationsmassnahmen.

2. Finanzielle Gesamtzielgrössen
Für die beiden Systemtypen lassen sich folgende Überlegungen anstellen.
- Zielgrössen im Z-System:
  - Verantwortung nicht «bottom-line», d.h. nicht auf den Reinerfolg nach Zinsen und Steuern bezogen;
  - EBIT bzw. EBIT/Invested Capital im Sinne eines RONOA (Return on Net Operating Assets) nahe liegend;
  - Economic-Profit- bzw. EVA-System anwendbar, aber ohne dezentrale Verantwortung der Steuer- und WACC-Gestaltung.
- Zielgrössen im D-System:
  - Verantwortung «bottom-line», d.h. auf den Reinerfolg nach Zinsen und Steuern bezogen;

- NOPAT (Net Operating Profit after Tax), generell Nettoreinerfolgswerte als Zielgrössen, auch ROE (Return on Equity);
- Economic-Profit- bzw. EVA-System konsequent einsetzbar im Sinne des Vergleichs (NOPAT – WACC) und der Bestimmung des Economic Profit bzw. EVA über eine Multiplikation der Nettorendite mit dem investierten Betriebskapital (Invested Capital).

3. Mögliche organisatorische Kompromissmöglichkeiten
Bei grossen Konzernen liegt die Schaffung verschiedener Finanzcontrollingebenen nahe (Konzern-, Gruppen- und Firmencontroller). Weiter ist für klare und zweckmässige Kompetenzabgrenzungen zu sorgen. Wichtig ist die Pflege einer Konzernfinanzkultur, unter anderem gefördert durch periodisch abgehaltene Meetings der Finanz- und Steuerverantwortlichen. Von zentraler Bedeutung ist eine optimale personelle Besetzung der Schlüsselpositionen auf Konzernstufe. Dabei ist insbesondere auf Fachkompetenz, Durchsetzungs- und Überzeugungskraft, Kommunikations- und Kompromissfähigkeit sowie generell auf eine hohe soziale Kompetenz zu achten.

Exkurs: Radikale Vereinfachung des Steuersystems am Beispiel der Slowakei

Der nachfolgend wiedergegebene Pressebericht zur Steuerreform 2004 in der Slowakei (vgl. ▶ Abb. 16) illustriert wichtige steuersystematische Aspekte aus finanzwissenschaftlicher und fiskalpraktischer Sicht. Die wertorientierte Steuerpolitik von Unternehmen liesse sich drastisch vereinfachen, wenn solche Systeme international auf breiter Basis umgesetzt würden.

Die in Staaten wie der Slowakei notwendige Transformation in eine marktwirtschaftlich orientierte Wirtschaft war eine wichtige Voraussetzung dafür, dass die Einführung eines radikal veränderten und vereinfachten Steuersystems politisch überhaupt möglich wurde. So stossen in Ländern wie der Schweiz, Deutschland und Frankreich usw. schon kleinere steuerpolitische Reformen oft an kaum überwindbare politische Grenzen.

Man kann sich auch fragen, inwieweit die «Sprengkraft» der EU-Mitgliedschaft ein «Tax-Dumping» im Sinne der slowakischen Steuerreform wieder in Frage stellen könnte. Es liegt auf der Hand, dass die Hochsteuermitgliedsländer der EU, allen voran Deutschland, versuchen könnten, der entstandenen Steuerkonkurrenz mit einer materiellen EU-weit erzwungenen Steuerharmonisierung zu begegnen.

Radikale Steuerreform in der Slowakei – Eine Pionierleistung der Regierung Dzurinda

Die Slowakei führt (...) ein völlig neues Steuersystem ein: Verzicht auf Progressionsklassen, Umlagerung von den direkten auf die indirekten Steuern, Schonung der Unternehmen, Einführung eines einheitlichen Steuersatzes von 19%. Die Regierung Dzurinda erwartet davon grössere Staatseinnahmen, zusätzliche Investitionen, weniger Steuerbetrug und auch mehr soziale Gerechtigkeit.

In der Slowakei wird [2004] das weltweit wohl einfachste und vielleicht – die Erfahrungen werden es zeigen – effizienteste Steuersystem eingeführt. Die progressiven Abgabensätze bei der direkten Einkommensbesteuerung werden durch eine Flat Rate von 19% abgelöst. Grössere Teile der staatlichen Einkommen sollen künftig über die Mehrwertsteuer beschafft werden, bei der ausnahmslos und für alle wirtschaftlichen Transaktionen nur noch ein Satz – ebenfalls 19% – zur Anwendung gelangt. Gleich hoch, im internationalen Vergleich also ausnehmend günstig, werden die Unternehmergewinne (bisher 25%) belastet. Um Doppelbesteuerungen zu vermeiden, bleiben die (bereits als Unternehmensgewinne erfassten) Dividenden steuerfrei. Auch die Erbschaftssteuer wird gestrichen; Nachlässe sollen künftig fiskalisch wie andere Schenkungen behandelt werden. (...)

Gemäss traditioneller Auffassung wird die progressive Besteuerung der persönlichen Einkommen mit Gerechtigkeitsüberlegungen legitimiert. Die Bezüger kleiner Einkommen bezahlen ihre Steuern mit Konsumverzichten, jene von höheren mit Sparverzichten. Die progressiven Steuersätze sollten dabei zu einer Angleichung der Steueropfer zwischen den einzelnen Bürgern mit unterschiedlichen Einkommen führen. Diese traditionelle «Philosophie» wird jedoch in Ländern mit schlechter Steuermoral oder ungeübten und auch korrupten Steuerbehörden meist unterlaufen. Dem jungen Team unter dem 43-jährigen Finanzminister Ivan Miklos, dem Spiritus Rector der slowakischen Neuerungen, fällt der Nachweis nicht schwer, dass das bisherige austarierte System (starke Steuerprogression, Mehrwertsteuerbegünstigung oder -befreiung lebenswichtiger Güter) weder fiskalisch noch sozial befriedigende Resultate gebracht hat. Deshalb die Bereitschaft zur Übernahme des radikal neuen Ansatzes, der heute an liberalen Wirtschaftsfakultäten empfohlen wird, aber mit ähnlicher Kompromisslosigkeit noch nirgends in die Praxis umgesetzt worden ist.

Aufgrund ihrer eigenen Berechnungen und des Informationsaustausches mit andern Regierungen, die ansatzweise in gleicher Richtung gehen (Estland, Irland, Russland), erwartet die Pressburger Mitte-Rechts-Koalition von den Neuerungen nicht nur eine Auswei-

▲ Abb. 16 Pressebericht zur Steuerreform 2004 in der Slowakei

tung der staatlichen Einnahmen, sondern auch mehr Steuergerechtigkeit. (...) Mit intensiver Aufklärungsarbeit ist es in den letzten Tagen gelungen, auch Teile der Opposition von den erwarteten Vorteilen zu überzeugen. (...) Vladimil Podstransky, Staatssekretär im Finanzministerium, der den vor fünf Jahren ins Leben gerufenen Reformausschuss leitet, rechnet damit, dass im neuen System Einnahmen im Wert von 20 Mrd. sKr. (7 % des BIP) von den direkten zu den indirekten Steuern umgelagert werden. Dazu kommen unmittelbare Mehreinnahmen aus den Abgaben (auf Schnaps, Tabak usw.), die den EU-Vorgaben angepasst werden müssen. Weitere positive Einkommenseffekte erwartet Podstransky von der Senkung der Gewinnsteuer, die ein erhebliches zusätzliches Investitionsvolumen ins vorläufig noch stark unterkapitalisierte und beschäftigungsschwache Land bringen soll, und von der radikalen Systemvereinfachung, die Steuerhinterziehung künftig erschwert, wenn nicht verunmöglicht. Um soziale Härten zu vermeiden, wird der Steuerfreibetrag auf den persönlichen Einkommen grosszügig angehoben. (...)

Um zu vermeiden, dass den Einkommenslosen, den Alten und Kranken aus der Beseitigung der privilegierten Mehrwertsteuersätze Nachteile erwachsen, werden schon ab nächstem Jahr entsprechende Sonderzuschüsse direkt aus dem Haushalt entrichtet. Dieses Modell soll in Zukunft weiter ausgebaut werden. Per saldo erwartet Podstransky schon in kurzer Frist einen positiven Einnahmeneffekt aus der Steuerreform, so dass dem Staat künftig für die sozialen Belange mehr Geld zur Verfügung steht. Sozialpolitik soll nicht mehr Sache des Fiskus sein, sondern der entsprechend spezialisierten staatlichen Stellen, die ihre Leistung besser auf die Bedürfnisse abstimmen können und eher in der Lage sind, Missbräuchen vorzubeugen. Mit dem Fiskus soll hingegen ein investitions- und somit auch beschäftigungsfreundliches Umfeld geschaffen werden, so dass es künftig weniger Sozialfälle gibt. Die Steuerreform ist Teil eines umfassenderen Erneuerungsprogramms. (...)

(Quelle: NZZ Nr. 253 vom 31. Oktober 2003, S. 23 / T.K. [Wien])

▲ Abb. 16 Pressebericht zur Steuerreform 2004 in der Slowakei (Forts.)

Steuerpolitisches Fazit für die Unternehmensführung

Im Sinne eines steuerpolitischen Fazits lassen sich für die Berücksichtigung der Steuerbelange auf der obersten Führungsebene eines Unternehmens einige wichtige Schlussfolgerungen ziehen:

Steuern sind oberste Führungssache. Das höchste Führungsorgan, d.h. der Board of Directors (US-Gesellschaften), der Vorstand, eventuell auch Aufsichtsrat (Deutschland) bzw. der Verwaltungsrat (Schweiz) hat die Wahrnehmung der entsprechenden Funktionen sicherzustellen, zum Teil auch selber wahrzunehmen (Steuerplanung in Klein- und Mittelbetrieben).

Im härteren wirtschaftlichen Wettbewerb müssen auch die sich bietenden Steueroptimierungspotenziale – allerdings immer in vernünftiger Gewichtung – konsequent genutzt werden.

Die steuerlichen Aufbau- und Ablaufstrukturen sind darüber hinaus periodisch einem «Health Check» zu unterziehen.

These 1:
Steuern sind oberste Führungssache, Optimierungspotenziale sind konsequent zu nutzen, und es sind periodische «steuerliche Health Checks» vorzunehmen

An die Stelle einer kurzsichtigen, periodenbezogenen Steuerminimierung hat eine weitsichtig betriebene Steueroptimierung zu treten. Heutige Steuereinsparungen ziehen in der Regel Mehrbelastungen in späteren Geschäftsjahren nach sich. Daneben sind erst langfristig wirksam werdende latente Steuerlasten zu beachten, die bei besonderen Anlässen (z. B. Geschäftsaufgabe, Liquidation) unangenehm zum Tragen kommen.

Im Rahmen der laufenden Steuerplanung sind deshalb mittel- bis längerfristig geplante Veränderungen in den Beteiligungs- und Leitungsverhältnissen sorgfältig zu berücksichtigen.

These 2: Steueroptimierung muss langfristig ausgerichtet sein

Aufbau und Sicherstellung des für die spezifische Unternehmens- bzw. Konzernsituation notwendigen steuerwirtschaftlichen Know-hows stellen eine der wichtigen, langfristig anzugehenden Führungsaufgaben dar. Ein angemessener Aufwand zur Erfüllung dieser Forderung darf nicht gescheut werden.

In vielen Fällen ist dabei die Inanspruchnahme externer Beratungsleistungen sinnvoll oder notwendig. Letzteres trifft im Zusammenhang mit besonderen Anlässen und Transaktionen regelmässig auch für grosse Unternehmen und Konzerne zu, wo ausgeprägt interdisziplinäre Kenntnisse benötigt werden.

These 3: Das steuerwirtschaftliche Know-how muss gewährleistet werden, oft durch Inanspruchnahme externer Steuerberatung

UNFRIENDLY...

Steuerpolitisches Fazit für die Unternehmensführung

Komplexe betriebliche Sachverhalte und besondere Transaktionen (z.B. Zusammenschlüsse, Abspaltungen), dabei auch spezielle Finanzierungslösungen (z.B. spezifisch gestaltete Leasingverträge), legen eine frühzeitige, vorgängige Abklärung der steuerlichen Belange nahe, insbesondere auch eine Konsultation der Steuerbehörden. Letzteres trifft für die Verhältnisse in Ländern wie der Schweiz ganz speziell zu, wo mit einer hohen Bereitschaft des Fiskus zu einer raschen und verbindlichen Auskunftserteilung gerechnet werden darf.

Besonders sorgfältige steuerplanerische Massnahmen erfordern «einmalige» Ereignisse oder Transaktionen mit besonderer Komplexität und Tragweite im «Leben» eines Unternehmens, so beispielsweise im Zusammenhang mit Akquisitionen, Fusionen, Management-Buyouts (MBO), Initial Public Offerings (IPO, auch Going public), besonderen Risikofinanzierungen usw.

Der Value Driver «Steuern» wird in solchen Fällen besonders nachhaltig wirksam. Eine mangelhafte oder verspätet, erst im nachhinein erfolgende Steuerdisposition kann rasch zu steuerbedingten Einbussen in beträchtlichem Umfang führen.

These 4:
Besondere Sachverhalte legen eine frühzeitige Abklärung der steuerlichen Belange nahe, oft in Zusammenarbeit mit den Behörden (länderabhängig)

These 5:
Grössere Transaktionen erfordern besondere steuerplanerische Massnahmen – die Verlustpotenziale können enorm sein

Das Anliegen einer angemessenen Steueroptimierung ist wichtig und in einem immer härter werdenden kompetitiven Umfeld von zunehmender Bedeutung. Umgekehrt dürfen die steuerpolitischen Belange nicht zu einem dominanten Faktor ausarten, dem die sachwirtschaftliche Gestaltung eines Unternehmens bzw. Konzernes im Extremfall untergeordnet wird.

Vorrang haben stets die geschäfts- und unternehmenspolitischen Zielsetzungen, in die eine gesunde Steuerpolitik einzubetten ist. Eine erfolgreiche, wertorientierte Unternehmensführung muss in einem Gesamtrahmen gesehen und im Sinne eines integrierten Ansatzes verfolgt werden.

These 6:
Das Anliegen einer wirksamen Steueroptimierung darf nicht dominant werden – Vorrang haben stets die geschäfts- und unternehmenspolitischen Zielsetzungen

Eine umfassende Steueroptimierung darf nicht an den Unternehmensgrenzen Halt machen. Neben der Einbettung der Steuerplanung in die Geschäfts- und Unternehmenspolitik ist auch die – allenfalls vorgängig zu konkretisierende – Eignerpolitik in die steuerpolitischen Überlegungen einzubeziehen.

Der im Unternehmen geschaffene Mehrwert muss in optimaler Weise an die Aktionäre transformiert werden. Durch einen steuerlich suboptimalen Werttransfer können betrieblich generierte Werte wieder «vernichtet» werden, was einer konsequenten Umsetzung des Shareholder-Value-Konzeptes zuwiderläuft.

Für Kapitalgesellschaften bedeutet dies eine systematische Berücksichtigung der Interessenlage der privaten und institutionellen Aktionäre bzw. Anteilseigner. Dies macht Informationen über das unternehmensspezifische Aktionariat notwendig (so genannte Investor Identification).

These 7:
Die betriebliche Steuerplanung hat auf die Interessenlage der Aktionäre (Anteilseigner) Rücksicht zu nehmen

Qualitäts-Checkliste
Überlegungen zur Sicherstellung einer wirksamen Steuerplanung

Ist ausreichendes steuertechnisches Know-how im Unternehmen (Geschäftsleitung, Verwaltungsrat bzw. Vorstand, Chef Rechnungswesen, Steuerspezialisten usw.) vorhanden, oder wird für eine entsprechende Beratung bzw. Betreuung durch externe Steuerfachleute gesorgt?
Steuertechnisches Know-how

Werden regelmässig, in rollender Weise steuerplanerische Überlegungen angestellt?
Regelmässige Steuerplanung

Wird die Steuerplanung durch eine kurz- und mittelfristige Finanzplanung gestützt?
Finanzplanung

Finden mögliche Steuerrisiken die notwendige Aufmerksamkeit bzw. angemessene Berücksichtigung innerhalb des Risikomanagements?
Risikomanagement und Steuerrisiken

Ist das Bewusstsein für die individuell gegebenen operativen Spielräume gewährleistet (Abschreibungen, Rückstellungen, Debitoren, Lagerbewertung, transitorische Posten, Erfassung laufender Aufträge usw.)?
Operative Steuerplanungs-Spielräume

Wird die Massgeblichkeit der handelsrechtlichen Bilanz – zumeist aktuell in kontinentaleuropäischen Ländern – ausreichend gewürdigt und rechtzeitig berücksichtigt?

Massgeblichkeit der handelsrechtlichen Buchführung

Ist das Bewusstsein für die Steuerrelevanz besonderer sachwirtschaftlicher Massnahmen, zum Beispiel zusätzlicher Lagererhöhungen vor dem Abschlusszeitpunkt, vorhanden? Wird dies im Zusammenhang mit den entsprechenden Transaktionen angemessen berücksichtigt?

Steuerrelevanz besonderer sachwirtschaftlicher Massnahmen

Erfolgt die Steuerplanung nicht zu kurzsichtig im Sinne einer übertrieben kurzfristigen Steuerminimierung, die einer Gesamtbetrachtung zu wenig Rechnung trägt? Wird ausreichend weitsichtig disponiert?

Weitsichtige Steuerplanung

Wird der latenten Steuerlast ausreichend Rechnung getragen, wie dies auch für kreditgebende Banken von Interesse sein kann?

Latente Steuerlast

Besteht ein konstruktives steuerpolitisches Bewusstsein, gestützt durch das Bestreben, zu den Steuerbehörden eine längerfristig positive Beziehung herzustellen?

Konstruktives steuerpolitisches Bewusstsein

Wird die Bedeutung rechtzeitig eingeholter Steuerauskünfte, insbesondere im Zusammenhang mit besonderen steuerrelevanten Sachverhalten, erkannt?

Rechtzeitig eingeholte Steuerauskünfte

Wer ist in Firmengruppen bzw. ganzen Konzernen für eine insgesamt optimale Steuerpolitik verantwortlich, und besteht diesbezüglich ausreichendes Know-how und Steuerbewusstsein?

Konzernweite Steuerpolitik

Sind in (vor allem inter- bzw. multinationalen) Konzernen steuerfreundliche Strukturen, zum Beispiel der gezielte Einsatz von Länderholdings, sichergestellt. Weisen die Konzernstrukturen auch eine gewisse Flexibilität hinsichtlich potenzieller Änderungen der nationalen Steuergesetze und der bilateralen DBAs auf?

Steueroptimierende Massnahmen in Konzernen

Kümmert sich jemand im Unternehmen um ausserordentliche Steuerbelange, die etwa im Zusammenhang mit grundsätzlichen Änderungen der Steuergesetze entstehen können?

Ausserordentliche Steuerbelange

Besteht Klarheit über die verschiedenen steuerpolitischen Zielanliegen, zum Beispiel laufende Steuerminimierung, Zins- und Zinseszinseffekte von Steueraufschüben, Risiko möglicher zukünftiger Steuersatzerhöhungen, Verschlechterung der steuerlichen Rahmenbedingungen?

Steuerpolitische Zielanliegen

Werden die verschiedenen finanzwirtschaftlichen Wirkungsebenen der Unternehmenssteuern erkannt: Erfolgsrechnung (Reingewinn nach Steuern), Mittelflussrechnung (Liquiditätswirkung der Steuerausgaben), Bilanz (latente Steuern und Steuerschulden, Mittelbedarf für laufende Investitionen), Interessenbereich der Aktionäre (optimaler Werttransfer)?

Finanzwirtschaftliche Wirkungsebenen der Unternehmenssteuern

Wird die steueradministrative Seite, vor allem auch im Zusammenhang mit den indirekten Steuern (insbesondere Mehrwertsteuer), einwandfrei betreut?	**Steueradministration**
Ist das Aktionariat finanz- und steuerpolitisch emanzipiert, genügen die diesbezüglichen Informationen, und besteht auch aus Aktionärssicht eine entsprechende Sensibilität für steuerliche Aspekte?	**Aktionärsemanzipation und steuerliches Verhalten**
Berücksichtigen die Investor Relations und die betriebliche Finanzpolitik in ausreichendem Ausmass steuerliche Aspekte auf Aktionärs- und Investorenseite?	**Investor Relations und Steuern**
Sind steuerliche und nichtsteuerliche Zielkriterien sinnvoll ausbalanciert, beispielsweise im Zusammenhang mit einer sowohl führungsmässig als auch steuertechnisch zweckmässigen Fixierung von Verrechnungspreisen?	**Ausbalancierung verschiedener Interessen**
Herrscht ein vernünftiges, gesundes Steuerklima im Sinne einer angemessenen, aber nicht überspitzten Berücksichtigung steuerlicher Anliegen (Problem der Dominanz steuerlicher Aspekte)?	**Gesundes Steuerklima**

Glossar

Beteiligungsabzug Gemischte Holdinggesellschaften, die neben dem Halten von massgeblichen Beteiligungen eine Handels- oder gewerbliche Tätigkeit ausüben, können für den Ertrag aus Beteiligungen einen Abzug von der Gewinnsteuer geltend machen. Der Effekt einer Doppelbelastung der ausgeschütteten Gewinne (Gewinnsteuer des Unternehmens und der Beteiligungsgesellschaft) wird so gemildert. Beteiligungsabzug und Holdingprivileg sind insbesondere ein Ersatz für die fehlende Konzernbesteuerung (in der Schweiz werden auf Bundesebene auch reine Holdings mittels des Beteiligungsabzugs behandelt).

Doppelbesteuerungsabkommen (DBA) In einem Doppelbesteuerungsabkommen verpflichtet sich ein Staat, die dem anderen Staat auf Dividenden, Zinsen und Lizenzgebühren verbleibende Quellensteuer an die eigenen Steuern anzurechnen. Die Anrechnung wird oft nur teilweise gewährt.

Due Diligence	Umfassende, transaktionsbezogene Beurteilung eines Unternehmens aus finanzieller, rechtlicher, umweltbezogener und managementorientierter Sicht.
Executive Stock Option Plan (ESOP)	Oft auch: Employee Stock Option Plan. Instrument der Entlöhnung, bei welchem Mitarbeiter (oft: Führungskräfte) mit Optionen auf die Aktien des Unternehmens entschädigt werden.
Goodwill	Differenz, die sich beim Kauf eines Unternehmens zwischen dem Buchwert (Substanzwert) und dem Transaktionspreis für die übernommene Gesellschaft ergibt. Der Goodwill wird in der Konzernbilanz aktiviert. Aufgrund von Impairments notwendige Goodwill-Abschreibungen stellen aber keinen steuerlich verrechenbaren Aufwand dar und bewirken keine fiskalische Minderbelastung.
Holdingprivileg	Reine Holdinggesellschaften müssen in der Schweiz, falls gewisse Bedingungen eingehalten sind, keine kantonalen Gewinnsteuern bezahlen. Der Effekt einer Doppelbelastung der ausgeschütteten Gewinne (Gewinnsteuer des Unternehmens und der Beteiligungsgesellschaft) wird so beseitigt. Holdingprivileg und Beteiligungsabzug sind insbesondere ein Ersatz für die fehlende Konzernbesteuerung.
Latente Steuern	Durch Unterbewertung von Aktiven bzw. Überbewertung von Passiven werden stille Reserven gebildet und der steuerbare Gewinn verringert. Im Zeitpunkt der Auflösung der stillen Reserven resultiert ein höherer steuerpflichtiger Gewinn. Die Gewinnsteuerbelastung wird so in die Zukunft verschoben. Wegen dem Zeitwert des Geldes erfolgt die Bewertung dieser latenten Steuerlast in der Praxis zumeist zu einem reduzierten, oft zum halben Steuersatz. Das durch die latenten Steuern verringerte Aufwandspotenzial rechtfertigt aber in der Regel auch eine höhere Steueranrechnung.

Glossar

Management-Buyout (MBO) Übernahme des Aktienkapitals (Share Deal) oder der Vermögenswerte (Asset Deal) durch Manager, die bereits im Unternehmen tätig sind. Im zweitgenannten Fall ist die Gründung einer neuen Betriebsgesellschaft notwendig, im erstgenannten Fall zumeist die Einschaltung einer MBO-Holding.

Massgebliche Beteiligung Gemäss den meisten Steuergesetzen sind Beteiligungen ab einem bestimmten Umfang, zum Beispiel 20% des Grundkapitals, als massgeblich (bzw. massgebend) zu betrachten. Dieses Kriterium ist wichtig für den Beteiligungsabzug gemischter Holdinggesellschaften.

Quellensteuer Steuer, die das Steuerobjekt unmittelbar an der Quelle (beim Entstehen) erfasst. Die bekannteste Quellensteuer ist jene auf Erträgen aus beweglichen Vermögenswerten (Withholding Tax).

Quellentheorie Die Quellentheorie ist (neben der Vermögenszuwachstheorie) ein theoretischer Erklärungsansatz zur Bestimmung des steuerlichen Einkommens. Im Vordergrund stehen die Herkunft (Quelle) und die Periodizität der Einkommensströme.

«Schütt-aus-hol-zurück»-Politik	In Deutschland wurden ausgeschüttete Gewinne lange Jahre mit einem tieferen Satz besteuert als einbehaltende Gewinne. Dies schaffte für viele Gesellschaften einen Anreiz, erhöhte Dividenden zu entrichten, um anschliessend die notwendigen Finanzmittel über Aktienkapitalerhöhungen wieder einzuholen.
Step-up	Im Zusammenhang mit einer Übernahme gestatten gewisse Wirtschafts- und Steuerrechtssysteme das Anpassen der Aktiven der übernommenen Gesellschaft an aktuelle Werte. Dies hat ein erhöhtes Abschreibungspotenzial zur Folge.
Vermögenszuwachs-theorie	Die Vermögenszuwachstheorie ist (neben der Quellentheorie) ein theoretischer Erklärungsansatz zur Bestimmung des steuerlichen Einkommens bzw. Gewinns. Einkommen bzw. Gewinn ist alles, was im Laufe eines Jahres in die Verfügungsgewalt des Einkommensempfängers eingeht, d.h. der Vermögenszuwachs, unabhängig von Quelle oder Periodizität.
WACC (Weighted Average Cost of Capital)	Gewichteter durchschnittlicher Kapitalkostensatz eines Unternehmens, wobei die Kapitalstruktur (Fremdkapital/Eigenkapital) theoretisch korrekt zu Marktwerten erfasst werden sollte.

Literaturhinweise

Altorfer, J. B.: Abschreibungen auf Aktiven des Anlagevermögens aus steuerlicher Sicht. Zürich 1992.
Blumenstein, E./Locher, P.: System des schweizerischen Steuerrechts. 6. Auflage, Zürich 2002.
Boemle, M.: Der Jahresabschluss. 4. Auflage, Zürich 2001.
Boemle, M./Stolz, C.: Unternehmungsfinanzierung. 13. Auflage, Zürich 2002.
Burkhalter, R.: Massgeblichkeitsgrundsatz. Der steuerrechtliche Massgeblichkeitsgrundsatz im Lichte der Entwicklung des Rechnungslegungsrechts. Bern/Stuttgart/Wien 2003.
Cagianut, F./Höhn, E.: Unternehmungssteuerrecht. 3. Auflage, Bern/Stuttgart 1993.
Derksen, H. P./Gerber, T. L./Schmidt, R.: Steuerrecht 1 – Indirekte Steuern des Bundes. 2. Auflage, Zürich 2002.
Derksen, H. P./Gerber, T. L./Schmidt, R.: Steuerrecht 2 – Direkte Steuern des Bundes. 2. Auflage, Zürich 2002.
Djanani, C./Brähler, G.: Internationales Steuerrecht. Wiesbaden 2003.
Ettlin, E.: Unternehemsteuerreform II auf dem Prüfstand. In: Der Schweizer Treuhänder, Nr. 6/7, 2004, S. 531 ff.
Fuchs, B.: Transnationaler Verlustausgleich bei internationalen Unternehmungen und Konzernen im Steuerrecht. Bern 1993.
Haberstock, L./Breithecker, V.: Einführung in die Betriebswirtschaftliche Steuerlehre. 13. Auflage, Bielefeld 2005.

Helbling, C.: Unternehmensbewertung und Steuern. 9. Auflage, Düsseldorf 1998.

Hinny, P.: Die steuerrechtliche Behandlung der Marke im Konzern (einschliesslich Steuerplanung). Hallstadt 1995.

Hinz, M.: Grundlagen der Unternehmensbesteuerung. 3. Auflage, Herne/Berlin 2002.

Höhn, E.: Internationale Steuerplanung. Eine Einführung in die Steuerplanung für internationale Unternehmen mit Bezug zur Schweiz. Bern/Stuttgart/Wien 1996.

Höhn, E./Waldburger, R.: Steuerrecht. Band I. 9. Auflage, Bern/Stuttgart/Wien 2001.

Höhn, E./Waldburger, R.: Steuerrecht. Band II. 9. Auflage, Bern/Stuttgart/Wien 2002.

Jacobs, O. H.: Harmonisierung der Unternehmensbesteuerung in Europa – Stand und Entwicklungstendenzen. In: Der Schweizer Treuhänder, Nr. 3, 2005, S. 133ff.

Jacobs, O. H.: Internationale Unternehmensbesteuerung. 5. Auflage, München 2002.

Job, G.: Steuerplanung im Jahresabschluss. Eine Analyse der operativen Steuerplanung unter besonderer Berücksichtigung der steuerlichen Gewinnausweisplanung. Zürich 1996.

Kleineidam, H.-J. (Hrsg.): Unternehmenspolitik und Internationale Besteuerung. Berlin 1999.

Koller, T./Goedhart, M./Wessels, D.: Valuation. Measuring and Managing the Value of Companies. 4. Auflage, Hoboken 2005.

Linder, T./Jau, M.: Handbuch zu Umstrukturierungen im Steuerrecht. Von der bisherigen Praxis zu den Neuerungen des Fusionsgesetzes. Muri/Bern 2005.

Mäusli-Allensbach, P./Oertli, M.: Das schweizerische Steuerrecht. Ein Grundriss mit Beispielen. 3. Auflage, Muri/Bern 2004.

Monstein, U.: Wahl der Rechtsform eines Unternehmens unter steuerlichen Gesichtspunkten. Bern/Stuttgart/Wien 1994.

PricewaterhouseCoopers: Corporate Taxes 2004–2005. Worldwide Summaries. New York 2004.

PricewaterhouseCoopers: Individual Taxes 2004–2005. Worldwide Summaries. New York 2004.

Rappaport, A.: Creating Shareholder Value. A Guide for Managers and Investors. New York 1998.

Rappaport, A.: Creating Shareholder Value. The New Standard for Business Performance. New York 1986.

Reich, M.: Die Realisation stiller Reserven im Bilanzsteuerrecht. Zürich 1983.

Reich, M.: Die wirtschaftliche Doppelbelastung der Kapitalgesellschaft und ihrer Anteilsinhalber. Zürich 2000.

Literaturhinweise

Riedweg, P.: Management Buyout – Die Kunst der steuerlich optimalen Finanzierung. In: Der Schweizer Treuhänder, Nr. 9, 1991, S. 433 ff.

Riedweg, P.: Steuerplanung: Ein Vergleich schweizerischer Konzerne. In: Der Schweizer Treuhänder, Nr. 3, 1995, S. 186 ff.

Scheffler, W.: Besteuerung der grenzüberschreitenden Unternehmenstätigkeit. 2. Auflage, München 2002.

Schneider, D.: Steuerlast und Steuerwirkung. München 2001.

Scholes, M. S./Wolfson, M. A./Erickson, M. M./Maydew, E. L./Shevlin, T. J.: Taxes and Business Strategy. A Planning Approach. 3. Auflage, Englewood Cliffs 2004.

Seicht, G.: Buchführung, Jahresabschluss und Steuern. 12. Auflage, Wien 2002.

Uebelhart, P./Morf, C.: Unternehmenssteuerreform II – eine kritische Übersicht. In: Der Schweizer Treuhänder, Nr. 9, 2005, S. 702 ff.

Volkart, R.: Corporate Finance. Grundlagen von Finanzierung und Investition. 2. Auflage, Zürich 2006.

Volkart, R.: Strategische Finanzpolitik. 3. Auflage, Zürich 2001.

Wöhe, G.: Bilanzierung und Bilanzpolitik – betriebswirtschaftlich – handelsrechtlich – steuerrechtlich. 9. Auflage, München 1997.

Wöhe, G./Bieg, H.: Grundzüge der Betriebswirtschaftlichen Steuerlehre. 4. Auflage, München 1995.

Stichwortverzeichnis

A
Abgaben, parafiskalische 27
Abschreibung 12, 25, 29, 52, 56, 65, 109
    der Beteiligung 65
Abschreibungen
    vom Anschaffungswert 26
    vom Neuwert 26
Abschreibungsvermögen 52
absolute Progression 25
Abzug steuerwirksamer
    Fremdkapitalzinsen 42
Accounting, Financial 30
Adjusted Present Value (APV) 53
Adjustierung durchschnittlicher
    Kapitalkosten 12
Agency-Gefahren 81
Agent 93
AG-Liquidation 83
Akquisition 63, 65, 105
Aktien-
    -besitzer 17
    -gesellschaft (AG) 17, 27, 79, 80, 81
    -kapitalbeschaffung 19
Aktionäre ... 44, 77, 79, 106, 111
Aktionärsdarlehen 42
Aktionärsemanzipation 112
Aktiven, Übernahme von 67
Anlagenabschreibung 30
Anlagevermögen 52
    immaterielles 26
    materielles 26
Anleihensgläubiger 17
Anrechnungsmethode 92
Anrechnungsverfahren 28, 40
antizyklische Budgetpolitik 7
Asset Deal 67, 69, 70
Aufsichtsrat/Vorstand 103

B
Bankruptcy Costs 40, 81
Barwerte, Free-Cash-flow- . 11, 64
Befreiungsmethode 92
Beratungsleistung, externe ... 104
Besteuerung
    von Holdinggesellschaften . 95
    von Unternehmen 24
Beteiligung, massgebende . 18, 115

Beteiligungsabzug 18, 113
Beteiligungsgewinne bei
    Holdinggesellschaften 93
betriebliche Leistungserlöse ... 56
betriebliche Steuerplanung . 30, 77
Betriebsausgaben 56
Betriebsgesellschaft 71
Bewertungs-
    -norm, steuerliche 30
    -vorgänge 12
    -wahlrechte 82
Bezugsrecht 43
Bilanz, handelsrechtliche 110
Bildung stiller Reserven 52
Board of Directors 103
Borrowing Power 40
Bruttoansatz 12
Bruttosozialprodukt 7
buchführungspflichtige
    Unternehmen 25
Buchwertprinzip 26
Budgetpolitik, antizyklische 7
Bundesgesetz über die direkte
    Bundessteuer (DBG) 23
Bundessteuer, direkte 28

C

Capital Asset Pricing Model
    (CAPM) 39
Cash Tax Rate 29
Cash-flow-Marge 13
Cash-flow-Steuerung 77
Corporations 17

D

Darlehen, konzerninterne 42
DCF-Wert 51
«Dealing at arm's length» 92
Debitoren 11, 26
Delkredere 26
Desinvestition 11, 13, 56
direkte Bundessteuer 28
direkte Steuern 17
Discount Bonds 40

Discounted Cash-flow (DCF) . 53
    -Ansatz 64
    -Bewertung 53
    -Wertherleitung 13, 15, 16
Distress, Financial 40, 81
Dividenden 43, 95
    -auszahlungen 40
    -rückführung 95
    -transfer 95
    -zahlungen 18
Doppelbelastung,
    wirtschaftliche 40
Doppelbesteuerungsabkommen
    (DBA) 19, 95, 113
doppelter Steuereinfluss 63
Due Diligence 57, 114
durchschnittlicher Kapital-
    kostensatz 13, 38, 53, 64

E

Earnings Before Interest
    and Tax (EBIT) 29, 53
Earnings Before Interest,
    Tax, Depreciation and
    Amortization (EBITDA) .. 29
Earnings Before Tax (EBT) ... 53
Economic Value Added (EVA) 64
Eigenkapital 12
    -kosten 38
    -kostensatz 38
    -rendite 27
    -rückzahlung 43
eigenkapitalrenditeabhängige
    Gewinnsteuer 29
eigenkapitalrenditeabhängiger
    Steuersatz 27
Eigenlohn 30
Eigenzins 30
einfache Staatssteuer 28
Einkommen aus selbständiger
    Erwerbstätigkeit 25
Einkommensbesteuerung
    natürlicher Personen 25
    progressive 25
Einkommenssteuer 17

Stichwortverzeichnis

Einkommensteuergesetz
  (EStG) 23
Einkünfte, geldwerte 25
Einnahmenüberschuss 64
Einzelbilanzebene 67
Einzelfirma 79
Einzelunternehmen 17
Emissionsstempel 19
Employee Stock Option
  Plan (ESOP) 43, 114
Enterprise Value 12
Entity Approach 11, 38
Erbschaftssteuer 17
Erträge 56
Ertragssteuer 17
Ertragswert 51
Ertragswertermittlung 53
Euro 7
Europäische Union (EU) 8
Executive Stock Option
  Plan (ESOP) 43, 114
externe Beratungsleistung ... 104

F

Fakturagesellschaft 97
Filialen 93
Financial Accounting 30
Financial Distress 40, 81
Financial Engineering 53
Financial Leasing 40
Financial Leverage 38
Finanz-
  -buchhaltung 30
  -gesellschaft 17
  -management 77
  -planung 57, 109
  -publizität 30
finanzielle Gesamtführung ... 77
finanzielle Unternehmens-
  führung 77
finanzielle Wertsteigerung 63
finanzielles Rechnungswesen . 25
Finanzierung, steueroptimale . 37
Finanzierungsgesellschaft 97

Finanzierungsprobleme,
  MBO-spezifische 67
finanzwirtschaftliche
  Wirkungsebenen 111
Firmenauflösung 83
Firmenübernahme 56
fiskalische Minderbelastung ... 65
Fiskalquote, steigende 7
Free Cash-flow (FCF) 11, 51
  -Barwerte 11, 64
  -Entstehung 56
  -Erwartung 37
  nach Steuern 11, 13
  -Stabilisierung 82
Fremdfinanzierung, MBO- 68
Fremdkapital 38
  konzerninternes 95
  Steuervorteile des 37, 79
  Tax Shield des 29
  -tilgung 68, 70
  -zinsen 12, 38, 68, 70, 95
  Abzug steuerwirksamer . 42
Führungsorgan 103
Fusionen 105

G

Geldverkehrssteuer 19
geldwerte Einkünfte 25
Genossenschaft 17
Gesamtführung, finanzielle ... 77
Gesamtkapitalansatz 12
Gesamtoptimierung,
  steuerliche 97
Gesamtsteuerbelastung 94
Gesamtsteuerpolitik, optimale . 77
Geschäftsleitung 109
Geschäftspolitik 106
Gesellschaft mit beschränkter
  Haftung (GmbH) 17, 79
gespaltener Gewinnsteuersatz . 28
Gestaltungsfreiheit,
  steuerplanerische 25
Gewerbeertragssteuer 18
Gewerbekapitalsteuer 18

Gewinnausweis, steuerlicher .. 23
Gewinnbesteuerung 17, 83
   einer Gesellschaft 29
   juristischer Personen 27
   lineare 27
Gewinnmarge 13
Gewinnsteuer 12, 17, 38, 51, 53, 64
   eigenkapitalrendite-
      abhängige 29
   -einfluss der Fremdkapital-
      zinsen 12
   -last 27
   latente Gewinnsteuer 52
   -satz 13
   -satz, gespaltener 27, 28
Gewinnverrechnung, nationale . 93
Gewinnverschiebung 97
Globalisierung 8
Goodwill 65, 68, 114
   -Abschreibung 65
   -Amortisation 68
   -verrechnung 67
Grundstückgewinnsteuer 17

H Halbeinkünfteverfahren ... 28, 40
Handelsrecht 30
handelsrechtliche Bilanz 110
Haushalte, private 24, 25
«Health Check» 103
Hilfsgesellschaften 93
historisches Kostenwertprinzip . 26
historisches Nominalwert-
   prinzip 26
Hoheiten, staatliche 8
Holding
   -funktionen 79
   -gesellschaft 18
      Besteuerung 95
      Beteiligungsgewinne ... 93
      reine 68
   Kreditaufnahme durch 68
   Länder- 93
   MBO- 68, 70, 71
   -privileg 18, 68, 70, 114

I Imageproblem, finanzwirt-
   schaftliches 40
immaterielles Anlagevermögen . 26
Impairment-Test 65
indirekte Steuern 17, 18
Initial Public Offering (IPO) . 105
Integrationstendenzen 8
Internal Rate of Return (IRR) . 64
International Financial
   Reporting Standards (IFRS) . 65
internationaler Konzern 86
internationaler Standort-
   wettbewerb 93
Internet 8
Investition 11, 13
Investitions-
   -ausgaben 64
   -chancen 40
   -planung 57
Investment Tax Credit 40
Investor Relations 112
Investoren
   als Privatpersonen 17
   als Unternehmen 17

J Jahresabschluss
   handelsrechtlicher 30
   steuerlicher 30, 82
   steuerrechtlicher 30
Jahressteuerminimierung 82
juristische Personen . 9, 17, 24, 79

K Kapital-
   -beschaffung 77
   -besteuerung 17
   -erträge 17
   -geber, Renditeforderungen
      der 37
   -gesellschaft ... 17, 24, 79, 83
   -gewinn 18, 43, 83
      steuerfreier 43, 70
   -kosten, durchschnittliche .. 12

Kapital- (Forts.)
   -kosteneffekt der Gewinn-
      steuern 38
   -kostensatz 12, 37, 64
      risikogerechter 64
      steueradjustierter 13
   -rückzahlungen 43
   -steuer 17
      Gewerbe- 18
   -struktur 79
   -verkehrssteuer 19
Konkurskosten 40
Konvergenzkriterien 7
Konzern 57, 91
   -besteuerung 91
   -bilanz 65
   -finanzführung 81
   -gesellschaften 57
   -gewinnbesteuerung 93
   internationaler 86
   multinationaler 86
   -steuergesamtbelastung . . . 86
   -steueroptimierung 86
   -strukturierung 93
konzerninterne Darlehen 42
konzerninterne
   Zahlungsströme 95
konzerninternes Fremdkapital . 95
Körperschaftsteuer 27
Körperschaftsteuergesetz
   (KStG) 23
Kostenwertprinzip,
   historisches 26
Kreditaufnahme
   durch Holding 68
   private 68
Kursgewinne 43

L

Länderholding 93
latente Gewinnsteuer 52
latente Steuerlast 110
latente Steuern 51, 83, 114
   Verrechnung 52
laufende Steueränderungen . . . 81

laufende Steueroptimierung . . . 82
Leasing, Financial 40
Leistungserlöse, betriebliche . . 56
Leverage-«Wellen» 39
Liquidation 56, 83
Liquidations-
   -dividende 83
   -erlöse 83
   -wert 52
Liquiditätssicherung 77
Lizenzgebühren 95

M

Management Fees 95
Management-Buyout (MBO) . 67,
   105, 115
   Fremdfinanzierung 68
   -Holding 68, 70, 71
   MBO-spezifische
      Finanzierungsprobleme . 67
   verschiedener Länder 71
Managemententscheidungen,
   steueroptimale 57
massgebende Beteiligung . 18, 115
Massgeblichkeitsprinzip 30
materielles Anlagevermögen . . 26
Mehrstaatenpräsenz 92
Mehrwert, Besteuerung 19
Mehrwertsteuer 9, 18, 19
Mergers & Acquisitions
   (M&A) 65
Minderbelastung, fiskalische . . 65
Minderbewertungspotenzial . . . 52
Mittelanlage, optimale 77
Modigliani/Miller-Theorem . . . 39
multinationaler Konzern 86

N

nationale Gewinnverrechnung . 93
nationale Verlustverrechnung . . 93
natürliche Personen 9, 24
Net Present Value (NPV) 64
Nettoumlaufvermögen,
   operatives 11
Niedrigsteuerländer 92

Nominalwertprinzip,
    historisches 26
Normaldividendenabzug 38

O

Ökologisierung 9
Ökosteuer 9
operative Einflussebene 63
operative Steuerplanung 109
operatives Nettoumlauf-
    vermögen 11
operatives Working Capital ... 13
optimale Gesamtsteuerpolitik .. 77
optimale Steuerpolitik 111
optimales Steuer-Timing 82

P

parafiskalische Abgaben 27
Partnerships 17
Passiven, Übernahme von 67
Periodizitätsprinzip 26
Personen-
    -firmen 17, 24, 83
    -gesellschaft 17, 79
    -unternehmen 17, 79
potenzielle Restrukturierungs-
    kosten 40
Present Value (PV) 64
private Haushalte 24, 25
private Kreditaufnahme 68
private Steuer 79
Privatpersonen 17, 25
Progression, absolute 25
Progressionsvorbehalt 92
Projekt-EBIT 64
Proportionalsatz 27
Proportionaltarif 29

Q

Quellensteuer 19, 95, 115
    Rückforderung 95
Quellentheorie 25, 115

R

Rappaport, Wertkonzeption
    nach 13
Realtransaktionen 82
Rebilling Center 97
Rechtsform 56, 79
Rechtsform und Steuern 80
Rechtsverhältnisse, steuerliche . 93
reine Holdinggesellschaft 68
Reingewinn, steuerbarer .. 12, 30
Reinvoicing Center 97
Renditeforderungen der
    Kapitalgeber 37
Reproduktionskosten-Zeitwert 52
Restrukturierungskosten,
    potenzielle 40
Return on Invested Capital
    (ROIC) 64
risikogerechter Kapital-
    kostensatz 64
Risikomanagement 109
Rückstellung 12, 25, 26,
    52, 56, 82, 109

S

Sales Tax 9, 18
Sanierungskosten 40
Schenkungssteuer 17
schuldzinsbedingte
    Steuervorteile 64
«Schütt-aus-hol-zurück»-
    Politik 28, 116
schweizerische Steuer-
    gesetzgebung 83
Share Deal 67
Shareholder Relief 28
Shareholder Value 12
    -Konzept 11, 106
Sole Proprietorship 17
Sozialabgaben 27
staatliche Hoheiten 8
Staatssteuer, einfache 28
Standortwahl 56, 79
Standortwettbewerb 8
    internationaler 93
Step-up der Aktiven 65, 116

Stichwortverzeichnis

Steuer-
- -abschluss 30
- -administration 112
- -änderungen, laufende 81
- -belange, ausserordentliche 111
- -belastung 13
- -einfluss, doppelter 63
- -einsparung 82
- -fragen 86
- -fuss 28
- -gesetze
  - für juristische Personen . 23
  - für natürliche Personen . 23
- -gesetzgebung,
  schweizerische 83
- -harmonisierung 8
- -hoheit 18
- -klima 112
- -last, latente 110
- -minimierung 13, 104
- -oasen 93, 95
- -optimierung ... 8, 56, 86, 104
  - laufende 82
- -optimierungspotenzial ... 103
- -planung 9, 57
  - betriebliche 30, 77
  - Gestaltungsfreiheit 25
  - operative 109
  - strategische 79
- -politik, optimale 111
- -praxis-Änderungen 83
- -probleme 91
- -progression 83
- -risiken 109
- -satz 27, 28
  - eigenkapitalrendite-
    abhängiger 27
- -spezialisten 109
- -subjekte 17
- -substrat 92
- -system, Vereinfachung des . 9
  - Beispiel Slowakei 100,
    101, 102
- -Timing, optimales 82
- -verschiebungseffekte 82

Steuer- (Forts.)
- -vielfalt 9
- -vorteil 40, 70
  - des Fremdkapitals ... 37, 79
  - schuldzinsbedingter 64
- -wirksamkeit der Goodwill-
  Abschreibung 67, 70

steueradjustierter
Kapitalkostensatz 13, 64
steuerbarer Reingewinn ... 12, 30
steuerbarer Vermögensertrag .. 43
steuerbereinigte DCF-
Wertherleitung 15
steuerfreier Kapitalgewinn . 43, 70
steuerliche Bewertungsnorm .. 30
steuerliche Gesamtoptimierung 97
steuerliche Gestaltungskriterien,
Überbewertung 93
steuerliche Rechtsverhältnisse . 93
steuerlicher Gewinnausweis ... 23
steuerlicher Jahresabschluss ... 82
Steuern 8, 94
- als Value Driver 13
- direkte 17
  - Bundessteuer 28
  - einfache Staatssteuer 28
  - Einkommenssteuer 17
  - Emissionsstempel 19
  - Erbschaftssteuer 17
  - Ertragssteuer 17
  - Free Cash-flow nach ... 11, 13
  - Geldverkehrssteuer 19
  - Gewerbeertragssteuer 18
  - Gewerbekapitalsteuer 18
  - Gewinnsteuer 12, 17, 38, 53, 64
  - Grundstück- 17
- indirekte 17, 18
  - Kapitalsteuer 17
  - Kapitalverkehrssteuer 19
  - Körperschaftsteuer 27
- latente 51, 83, 114
  - Verrechnung 52
- latente Gewinnsteuer 52
- latente Steuerlast 110
- Mehrwertsteuer 9, 18, 19

Steuern (Forts.)
    private Steuer 79
    Quellensteuer 19, 95, 115
    Schenkungssteuer 17
    Steuern und Rechtsform . . . 80
    Umsatzsteuer 18
    Unternehmenssteuer 79
    Verrechnungssteuer 19
steueroptimale Finanzierung . . 37
steueroptimale Management-
    entscheidungen 57
steueroptimaler Prozessablauf . 57
steuerplanerische Gestaltungs-
    freiheit 25
steuerpolitische Ziele 111
steuerrelevante Positionen 70
steuertechnisches Know-how . 109
Stiftung 27
stille Reserven 30, 52, 82, 83
    Bildung 52
strategische Steuerplanung 79
Substanzwert 51, 52
Synergiepotenziale 57
szenarienhaftes
    Vorwärtsdenken 97

T
Tax Accounting 30
Tax Credit 40
Tax Shield 29, 53
    Bewertung 64
    des Fremdkapitals 29
Tax Treaties 95
Teileinkünfteverfahren 28, 40
Teilliquidation, indirekte 43
Tochtergesellschaften 93
Tochter-Mutter-Richtlinie
    der EU 95
Transferpreis 92
«Treaty Shopping» 95

U
Überbewertung steuerlicher
    Gestaltungskriterien 93
Übernahme
    -preis 65
    von Aktiven 67
    von Passiven 67
Umlaufvermögen
    Wertschriften des 26
Umsatz-
    -stempel 19
    -steuer 18
    -wachstum 13
umsatzbedingte Zahlungs-
    ströme 97
Unternehmen, buchführungs-
    pflichtige 25
Unternehmens-
    -besteuerung 24
    -bewertung 51
    -führung, finanzielle 77
    -politik 106
    -steuer 79
    -stiftung 27
    -wertbestimmung 15
    -wertsteigerung 56
US GAAP 65

V
Value Added Tax (VAT) 18
Value Driver 13, 105
    Steuern als 13
Vereinfachung der Steuer-
    systeme 9, 100, 101, 102
Verkehrswert 52
Verlustverrechnung, nationale . 93
Vermögens-
    -ertrag, steuerbarer 43
    -standsgewinn 25
    -steuer 17
    -zuwachstheorie 25, 116
Verrechnung latenter Steuern . 52
Verrechnungspreisgestaltung . . 56
Verrechnungssteuer als
    Withholding Tax 19
Vertretungen 93

Stichwortverzeichnis

W

Verwaltungs-
  -funktionen 79
  -gesellschaften 93
  -rat 103, 109
Vorräte 11
Vorstand/Aufsichtsrat 103
Vorsteuerabzug 19

Wahlrechte, Bewertungs- 82
Warendrittel 26, 82
Weighted Average Cost of
  Capital (WACC) . . 38, 53, 116
  steueradjustierter 53, 64
Wertbildung 13
Wertebereich 70
Wertkonzeption nach
  Rappaport 13
Wertmanagement 64
Wertpapiertransaktion 19
Wertschöpfungskette 56
Wertschriften des
  Umlaufvermögens 26
Wertsteigerung 77
  finanzielle 63

Wertsteigerungsnetzwerk 14
Werttransfer 43, 44
Wiederbeschaffungswerte 52
Wirkungsebenen,
  finanzwirtschaftliche 111
wirtschaftliche
  Doppelbelastung 40
Withholding Tax 19, 115
Working Capital, operatives . . . 13

Z

Zahlungsströme
  konzerninterne 95
  umsatzbedingte 97
Zero Bonds 40
Ziele, steuerpolitische 111
Zins-
  -aufwendungen 42
  -belastung 68
  -einsparungen 83
  -wirkungen 83
Zinseszinseinsparungen 83

Dank

Vielseitige Kontakte mit Fachkollegen des Finanz- und Steuerbereichs sowie mit meinen Assistierenden haben mir in den vergangenen Jahren einen ständigen Gedankenaustausch ermöglicht, der von unschätzbarem Wert ist. Ihnen allen sei an dieser Stelle herzlich gedankt.

Ein besonderer Dank geht an Dr. Urs Landolf, International Tax Partner bei PricewaterhouseCoopers, Peter Riedweg, Partner bei Homburger Rechtsanwälte, und Markus Wyss, Steuerspezialist bei KPMG. Besondere Unterstützung erhielt ich in der universitären Lehre durch meine früheren Mitarbeiter Dr. Peter Labhart und Dr. Remo Küttel, ohne die dieses Buch in der früheren ersten und in der überarbeiteten zweiten Auflage kaum entstanden wäre. Speziell danken möchte ich PricewaterhouseCoopers für die langjährige, tatkräftige Unterstützung der betriebswirtschaftlichen Steuerausbildung der Studierenden an der Universität Zürich.

Mein Mitarbeiter Marco Soldenhoff (redaktionelle Arbeiten) und das Team des Versus Verlags Zürich haben sich in vorbildlicher Weise für die Realisation des Buches eingesetzt. Besonderen Spass bereitete mir die frühere Zusammenarbeit mit Nico, der den Text in der für ihn typischen Weise mit Cartoons bereichert hat. Allen Beteiligten bin ich für die gute Zusammenarbeit dankbar.

Zürich, im Oktober 2005   Rudolf Volkart